옛그림학교
3

정선의
진경산수화로
배우는

옛
그림 속
자연

최석조 지음

옛그림학교
3

정선의
진경산수화로
배우는

옛
그림 속
자연

최석조 지음

입학식

여러분 반갑습니다.

 옛 그림 학교의 세 번째 문을 활짝 엽니다. 김홍도, 신윤복의 풍속화에 이어 이번에 배울 그림은 정선의 산수화입니다. 산수화는 산이나 강, 폭포, 나무, 바위 등 자연의 모습을 그린 그림을 말합니다. 풍경을 그렸다는 점에서 서양의 풍경화와 비슷하지요. 하지만 산수화는 서양의 풍경화와는 달리 실제 경치를 보고 그대로 그리는 경우는 드물었습니다. 화가의 마음속에 담긴 상상의 풍경을 그리는 것이 대부분이었지요. 이런 그림을 '관념산수화'라고 합니다.

 이런 전통은 우리나라에도 들어와 조선 중기까지 이어졌습니다. 산수화는 중국에서 시작된 그림이니 조선 사람이 그린 산수화에도 자연스레 중국의 자연, 중국 사람이 등장했지요. 어떻게 생각하면 진정한 우리나라 그림이 없었다고 볼 수도 있습니다. 그러다 18세기, 드디어 우리나라의 자연을 우리 방식대로 그린 화가가 나타납니다. 바로 겸재 정선입니다. 정선의 산수화는 특별히 '진경산수화'라고 부릅니다. 실제 있는 그대로의 경치, 우리나라의 경치를 그렸다고 해서 그렇게 부르지요.

  진경산수화의 출현은 우리나라 그림의 역사에서 혁명과도 같은 일이었습니다. 이전 화가들은 감히 생각지도 못한 일이었지요. 라디오만 있던 시대에 텔레비전이 발명된 격이라고나 할까요? 그래서 조영석이라는 화가는 "조선 역사상 이런 그림은 없었다. 조선의 산수화는 정선에 의해서 비로소 새롭게 출발한다"고 극찬했습니다.

  정선은 우리나라 구석구석의 모습을 그림으로 많이 남겼습니다. 따라서 이번 옛 그림 학교의 일정은 정선의 발자취를 따라가는 여행이 되는 셈입니다. 민족의 명산 금강산, 한강이 가로지르는 한양, 고려의 500년 도읍지 개성, 그리고 임진강, 관동팔경 등 삼천리 방방곡곡을 돌아다니면 우리나라의 아름다움과 우리 그림의 멋스러움에 흠뻑 빠지게 될 겁니다. 우리 땅과 우리 그림을 재발견하는 소중한 여행이 되길 바랍니다.

차례

입학식 ::004

첫째 날 | 금강산 찾아가자 1만 2,000봉

첫 번째 여행 종이 위에 펼쳐놓은 천지창조 「금강전도」 ::010
{ 더 알아보아요 • 평화의 상징, 금강산 관광 } ::028

두 번째 여행 금강산 유람은 여기서 시작이야 「장안사」 ::029
{ 더 알아보아요 • 우리나라의 불교 } ::043

◆ **즐거운 휴게소** | 오래 살라는 기원을 담아서 「고양이와 국화」 ::044
{ 더 알아보아요 • 동물 그림에 숨은 비밀 } ::051

세 번째 여행 들을 때는 천둥이더니 와보니 눈이구나 「만폭동」 ::052
{ 더 알아보아요 • 금강산을 노래한 시인들 } ::067

자유토론 바다에 떠 있는 또 하나의 금강산 「해금강」 ::068
{ 더 알아보아요 • 세 얼굴의 금강산, 내금강 · 외금강 · 해금강 } ::082

◆ **보충학습** | 준법이란 무엇인가 ::083

둘째 날 | 아름다운 서울에서 살렵니다

첫 번째 여행 맑은 바람이 솔솔 부는 골짜기 「청풍계」 ::088
{더 알아보아요 • 조선시대의 엄친아, '육창(六昌)' 형제} ::098

두 번째 여행 기억에서 사라진 아름다운 뱃길 「송파진」 ::099
{더 알아보아요 • '삼궤구고두'의 치욕 병자호란} ::113

◈ 즐거운 휴게소 | 백 살까지 오래오래 사세요 「노백도」 ::114
{더 알아보아요 • 나라의 중심, 종묘사직} ::122

세 번째 여행 언덕배기 올라보니 살구꽃 만발하네 「필운대」 ::123
{더 알아보아요 • 4대문에 얽힌 이야기} ::135

자유토론 가슴으로 쓸어내린 묵직한 붓놀림 「인왕제색도」 ::136
{더 알아보아요 • 한양의 풍수지리} ::149

◈ 보충학습 | 남종화・북종화란 무엇인가 ::150

셋째 날 | 무궁화 삼천리 화려강산

첫 번째 여행 폭포수 백 길 넘어 물소리 우렁차다 「박연폭포」 ::156
{더 알아보아요 • 고려 500년 도읍지, 개성} ::168

두 번째 여행 날개 단 신선이 되어 하늘에 오르네 「우화등선」 ::169
{더 알아보아요 • 영원한 동양의 고전, 삼국지} ::182

◈ 즐거운 휴게소 | 위대한 화가의 자화상 「독서여가」 ::183
{더 알아보아요 • 조선시대 양반들이 쓰던 모자} ::189

세 번째 여행 보라! 동해에 떠오르는 태양 「낙산사 일출」 ::190
{더 알아보아요 • 관동팔경} ::202

자유토론 정선과 진경산수화 「금강산내총도」 ::203
{더 알아보아요 • 우리나라 산수화의 역사} ::218

◈ 보충학습 | '정선일파'란 무엇인가 ::219

졸업식 ::222

첫 번째 여행

종이 위에 펼쳐놓은 천지창조

「금강전도」

금강산은 아름답기로 첫 손가락 꼽는 산입니다. 대한민국의 자랑이자 세계의 자랑이지요. 이런 산을 화가들이 그냥 보고만 있을 리 없지요. 수많은 화가들이 그리고 또 그렸습니다. 그중에서도 가장 유명한 그림이 바로 「금강전도」입니다. 금강산의 전체 모습을 그린 그림이지요. 기기묘묘한 금강산 1만 2,000봉을 어떻게 한 장의 종이에 다 담았을까요?

정선, 「금강전도」, 종이에 수묵담채, 130.7×94.1cm, 국보 제217호, 1734, 삼성미술관 리움

 무엇을 볼까요?

금강산 그림은 어떻게 탄생했을까

금강산 찾아가자 일만 이천 봉
볼수록 아름답고 신기하구나
철따라 고운 옷 갈아입는 산
이름도 아름다워 금강이라네 금강이라네

이 노래는 초등학교 음악 교과서에도 나오는 익숙한 노래입니다. 1만 2,000봉, 아름답고 신기한 산, 철따라 고운 옷 갈아입는 산, 모두 금강산의 아름다움을 표현한 말이지요. 얼마나 아름답기에 노래까지 만들어져 교과서에 실렸냐고요?

금강산은 지금 북한에 있습니다. 서울에서 불과 250킬로미터, 자동차로 달리면 3시간 남짓 걸리지만 북한 땅에 있어 쉽게 갈 수 있는 곳이 아니었습니다. 그런데 1998년, 기적처럼 남·북 합의에 의해 금강산 관광이 시작되었습니다. 남한 사람들도 누구나 금강산을 볼 수 있게 되었지요. 불행히도 지금은 관광이 중지된 상태입니다만 곧 다시 금강산을 가볼 수 있게 되기를 바랍니다.

조선시대에는 누구나 금강산을 갈 수 있었습니다. 그때는 남·북한으로 나뉘어 있지 않았으니까요. 그래도 보고 싶다고 모두가 볼 수는 없었습니다. 자동차가 없었으니 교통이 불편했고, 먹고 자는 일도 쉽지 않았고, 사나운 산짐승도 무서웠습니다. 형편이 넉넉한 양반들이나 도를 닦는 스님들만 볼 수 있던 곳이지요.

그래서 더욱 신비스럽게 여겨졌습니다. 살아서 금강산에 오르면 죽어서 지옥에 떨어지지 않는다는 소문이 있었고, 금강산을 직접 보면 소원을 이룬다는 말까지 생겼습니다. 심지어 중국 사람들조차 "금강산을 한 번 보고 죽는 게 소원이다"라고 했습니다. 중국 사신들은 조선에 오면 모두 금강산에 가보기를 원했고 여의치 않으면 금강산이 그려진 부채라도 얻어가려고 애썼지요.

소문으로만 듣던 멋진 경치를 직접 본 사람들은 자신이 받은 감동을 많은 글과 그림으로 남겼습니다. 금강산을 읊은 시를 모으면 도서관 하나를 차리고, 그림을 모으면 미술관 몇 개를 만든다는 말까지 생겨났습니다. 우리나라 문인들이 쓴 글 중에서는 정철의 「관동별곡」이 유명합니다. 한시를 쓰던 다른 선비들과는 달리 정철은 우리말인 한글로 금강산의 아름다움을 읊었습니다.

그런데 금강산 그림은 꽤 뒤늦게 그려지기 시작했습니다. 금강산을 제대로 표현할 수 없었기 때문입니다. 당시 화가들은 산수화를 그릴 때 중국의 준법을 따랐거든요. 중국의 준법은 중국의 자연에 맞는 방법입니다.

> **정철과 「관동별곡」**
>
> 정철(1536~93)은 조선 중기의 문신이자 시인입니다. 호는 송강이며 4·4조의 운율이 특색인 가사 문학의 거장으로 윤선도와 쌍벽을 이루지요. 「관동별곡」은 한글 가사로 그의 대표작입니다. 1580년, 강원도 관찰사로 부임하여 금강산과 관동팔경의 아름다움을 마음껏 노래한 한국 가사 문학의 최고봉이지요.

이걸로 금강산을 표현하려니 제대로 될 리 없었지요. 「관동별곡」이 지어진 지 150년, 드디어 금강산의 아름다움을 제대로 표현한 화가가 나타났습니다. 바로 정선입니다.

정철이 우리 글로 금강산을 노래했듯이 정선은 우리 강산에 맞는 준법으로 금강산을 표현했습니다. 소문으로만 들었던 신비한 산이 우리 곁으로 가까이 다가서게 된 것입니다. 그래서 정선을 '금강산 화가'라고도 부릅니다. 많은 금강산 그림 중에서도 특히 금강산의 전체 모습을 그린 「금강전도」가 가장 유명합니다.

무엇을 볼까요?

정말 봉우리가 1만 2,000개일까

하늘을 찌를 듯 뾰족한 봉우리들이 솟아 있습니다. 보기만 해도 단단하게 생겼지요. 마치 귀한 보석처럼 하얗게 빛납니다. 그래서 금강산의 영어 이름도 다이아몬드 마운틴(Diamond Mountain)입니다. 바위의 모습은 마치 천지가 처음 창조될 때처럼 신비롭습니다. 수백만 년 동안 비바람과 맞서다가 약한 바위는 모두 깎여나가고 단단한 화강암만 남았습니다.

• 신비스러울 정도로 뾰족한 봉우리들입니다.

바로 금강산 1만 2,000봉우리들이지요.

정말 금강산의 봉우리는 1만 2,000개일까요? 하하하, 실제로 그렇게 많기야 하겠어요. 이렇게 알려진 건 금강산의 이름과 관련 있습니다. 불교 경전인 『화엄경』에 "동북쪽 바다 가운데 금강산이 있는데 법기보살이 1만 2,000명의 제자들을 거느리고 있다"는 구절이 있거든요. 여기서 1만 2,000봉우리 얘기가 나왔습니다. 그만큼 산세가 험하고 다양하다는 뜻도 되겠지요. 실제로 금강산에는 1,000미터 이상 되는 봉우리만도 100개가 넘는답니다. 몇 군데 먼저 살펴볼까요?

맨 아래 보이는 절이 장안사입니다. 무지개 모양의 다리가 참 인상적이지요. 장안사 이야기는 뒤에서 좀 더 자세히 살펴보겠습니다. 그

> **『화엄경』**
> 석가모니의 깨달음을 설법한 불교의 가장 중요한 경전입니다. 만물이 평등하다는 진리와 석가모니의 덕을 찬양하는 내용으로 이루어졌지요. 정식 이름은 『대방광불화엄경』이며, 한국 불교의 특징을 가장 잘 나타내는 경전으로 평가됩니다.

(왼쪽) 무지개 모양의 다리와 절이 보이나요? 바로 무지개다리와 장안사입니다.

(오른쪽) 위로부터 사자바위, 금강대, 만폭동이 전부 담겨 있습니다.

구멍이 뚫린
이 높은 봉우리의
이름은 혈망봉입니다.

뒤로 보이는 높다란 봉우리가 장경봉입니다. 거기서 조금만 더 올라가면 가운데 넓은 곳이 보이지요. 바로 이 그림의 중심, 내금강의 모든 물들이 모여드는 만폭동입니다. 물이 모여드는 곳이니 생명이 탄생하는 곳이지요.

왼쪽 옆에 탑처럼 높이 솟은 벼랑이 금강대입니다. 푸른 학이 새끼 치며 살던 곳이랍니다. 조금 위에는 이상한 모양의 바위가 있네요. 사자바위랍니다. 선생님은 사자라기보다는 양의 머리 같아 보이는데요. 설마 저렇게 생겼겠습니까만 아무튼 정선은 이렇게 그렸습니다. 정선의 스승이었던 김창흡은 이 사자바위를 보고 "사자가 웅크리고 있으니 퍽 무섭네. 신기하면서도 위엄 있구나!"라고 말했지요.

사자바위에서 오른쪽 끝으로 눈을 돌리면 2시 방향에 구멍이 뚫린 높은 봉우리가 있습니다. 이 때문에 '구멍 혈(穴)' 자를 써서 혈망봉이라는 이름을 붙였지요. 혈망봉은 동쪽에서 가장 높은 봉우리입니다.

그림에는 이 외에도 수많은 봉우리가 늘어섰습니다. 이 가운데 최고봉은 역시 1,638미터의 비로봉이지요. 그림 맨 위의 둥근 봉우리입니다. 뾰족뾰족한 봉우리들과는 모양부터가 다릅니다. 여기에 오르면 금강산 전체는 물론 동해까지 보인다고 합니다. 이광수는 "아무리 해도 비로봉의

> **이광수(1892~?)**
> 근대 소설가입니다. 호는 춘원이며 1917년, 장편소설 『무정』을 『매일신보』에 연재하여 근대문학의 개척자가 되었지요. 상하이 임시 정부에서 활동하기도 했으나 일제시대 말기의 친일 행위로 많은 사람들의 지탄을 받았습니다. 『흙』, 『유정』, 『사랑』 등의 작품이 있습니다.

절경을 글로 쓸 수 없다. 그림으로도 그릴 수 없다. 다만 감탄의 소리만 나올 뿐이다"라고 했습니다. 정선은 따로 떼어내어 「비로봉」이란 그림을 남겼습니다.

  비로봉 아래 중향성 봉우리들을 호위하는 무사처럼 세우고 비로봉만 우뚝 세웠습니다. 그런데 비로봉은 앞에서 보았던 바위들과는 다르게 뾰족한 수직준으로 그리지 않았습니다. 뒤의 보충학습에서 좀 더 자세히 알아보겠지만, 수직준은 바위를 표현할 때 쓰는 방법으로 위에서 아래로 내리긋는 방법입니다. 먹을 쏙 빼고 아무렇게나 테두리만 그린 것처럼 보이게 비로봉 윤곽을 만들었지요. 속은 부드러운 선과 먹으로 채웠습니다. 비로봉과 바로 아래 있는 중향성의 봉우리들이 극렬한 대비를 이룹니다. 단연 비로봉이 돋보이도록 했지요.

여기가 금강산의 정상 비로봉입니다!

정선, 「비로봉」, 『겸재첩』에 수록, 종이에 수묵담채, 19.2×25.0cm, 개인 소장

 무엇을 볼까요?

철따라 어떻게 달리 불렀을까

금강산은 철따라 이름을 바꿔 불렀을 정도로 많은 사람들에게 사랑받았습니다. 우리가 잘 아는 금강산(金剛山)은 원래 봄에 부르는 이름이고, 여름에는 신선이 산다는 뜻의 봉래산(蓬萊山), 가을에는 단풍이 아름답다고 풍악산(楓嶽山), 겨울에는 봉우리들이 뼈를 모두 드러낸 것 같다고 개골산(皆骨山)이라 불렀습니다. 「금강전도」는 겨울 개골산의 모습이지요.

부감법
회화에서 사용되는 용어입니다. 위에서 아래를 내려다보는 거리감을 표현하는 방법을 뜻하지요. 마치 새가 하늘에서 땅을 내려다보듯 그렸다고 해서 조감법(鳥瞰法)이라고도 합니다.

이 그림 속 금강산은 하늘에서 비행기를 타고 산을 내려다본 모습 같습니다. 이를 부감법이라고 합니다. 금강산의 전체 모습을 담자면 이 방법밖에는 없습니다. 하지만 실제로 금강산의 비로봉에 올라도 이렇게 산 전체를 다 볼 수는 없습니다. 그때 비행기가 있었을 리도 없고요. 그렇다면 이 그림은 실제로는 없는 모습이겠네요. 그래도 정선은 기어이 한 화면에 금강산 전체 모습을 담았습니다.

그림은 가운데 만폭동을 중심으로 자연스레 왼쪽과 오른쪽으로 나뉩니다. 오른쪽은 하얀 바위 봉우리가 가득하고, 왼쪽은 나무가 울창해 짙은 색으로 그렸지요. 오른쪽 바위 봉우리들은 뾰족뾰족합

같은 산이라도 느낌이 많이 다르네요.

니다. 왼쪽 산은 나무에 가려 잘 보이지는 않지만 상당히 부드러운 곡선을 그립니다. 미술 기법으로 말한다면 오른쪽은 쭉쭉 내리그은 수직준, 왼쪽은 쌀 같은 점을 콕콕 찍은 미점준으로 그려졌습니다. 오른쪽의 강인함과 왼쪽의 부드러움이 극단적으로 대비됩니다. 이른바 골산(骨山)과 육산(肉山)이지요. 골산은 날카롭고 딱딱한 느낌, 육산은 부드럽고 포근한 느낌입니다. 다음 그림에서 보듯 대표적 골산인 설악산 울산바위를 그린 김하종의 「계조굴」과 육산인 지리산을 그린 김윤겸의 「지리산」을 보면 그 차이를 대번 알 수 있지요.

금강산은 이 두 가지를 다 갖추었습니다. 장안사 부근은 나무도 많고 흙도

골산과 육산

골산은 바위산을 가리킵니다. 마그마가 그대로 땅속에서 굳어져 생성된 화강암이 오랜 세월을 거쳐 땅 위로 드러났지요. 아름답기는 하지만 식생이 빈약합니다. 설악산, 관악산, 인왕산은 골산에 속합니다. 육산은 흙이 많이 뒤덮인 산을 가리킵니다. 흙산이라고도 하는데 완만한 산줄기에 숲이 울창하며 여러 가지 식생이 잘 발달되었습니다. 대표적인 육산으로 지리산을 꼽지요.

김하종, 「계조굴」, 『해산도첩』에 수록, 종이에 수묵담채, 29.7×43.3cm, 1815, 국립중앙박물관

김윤겸, 「지리산」, 종이에 수묵담채, 29.6×34.7cm, 국립중앙박물관

부드럽습니다. 하지만 뒤편의 높은 봉우리들은 단단한 화강암으로 되어 있지요. 『주역』에서 말하는 음양의 조화가 완벽하게 이뤄져 있습니다. 이처럼 금강산은 조선 건국의 바탕인 성리학의 기본 이념이 구현된 산이라고 할 수 있지요.

> ### 『주역』과 음양의 조화
>
> 중국의 유교 경전으로 『역경』이라고도 합니다. 주나라 문왕이 지었다고 『주역』이라고 하지요. 모두 2만 4,000여 자로 이루어졌으며 동양 사상의 핵심이 담긴 책입니다. 사람에 따라 책의 내용을 가지고 '길흉화복'을 점치기도 합니다. 음양은 동양 사상의 핵심을 담은 『주역』이라는 책에 나오는 말로 서로 반대되는 성질의 짝을 가리키지요. 어둠이 음이면 빛은 양, 땅이 음이면 하늘은 양, 여자가 음이면 남자는 양이 되지요. 이밖에 물과 불, 선과 악, 강함과 약함도 음양입니다. 음양의 조화란 이런 반대되는 성질끼리 잘 어우러져 화합하는 것입니다. 어느 한쪽이라도 빠지면 오히려 세상은 잘 돌아가지 않게 되지요.

 무엇을 볼까요?

「금강전도」에 태극무늬가 들어 있다고요

금강산 전체 모습은 어떤 모양일까요? 손가락으로 산을 쭉 따라가며 그려보세요. 어때요, 둥근 원 모양이 되지요? 하하하, 정선은 일부러 산의 모습을 둥글게 맞추었습니다. 태극무늬를 만들기 위해서입니다.

자, 이번에는 왼쪽의 육산과 오른쪽의 골산을 나눠보세요. 역시 손가락으로 따라 그려보는 게 좋습니다. 그런데 두 부분은 칼로 자른 듯 직선으로 나눠지지 않습니다. 둥글고 부드러운 S자 모양이 되지요. 이건 태극의 음양을 상징합니다. 태극기의

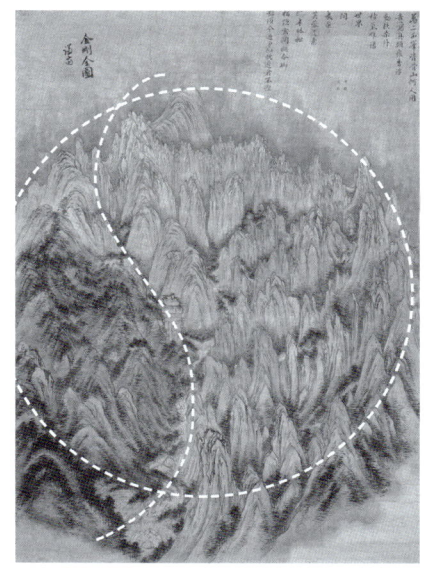

정선, 「풍악내산총람도」, 종이에 수묵담채, 100.8×73.8cm, 간송미술관

가운데 둥근 원이 태극이잖아요. 빨강은 양, 파랑은 음을 뜻하지요. 원래는 위, 아래가 아니라 양옆으로 갈라져야 맞는다고 하는군요. 「금강전도」에서 보이는 태극무늬는 양옆으로 갈라졌습니다. 그럼 오른쪽이 양, 왼쪽은 음이 되는 거지요. 태극! 바로 여기에 우주 운행의 기본이 되는 음양의 원리가 들어 있습니다. 한눈에 다 볼 수 없는 금강산 전체 모습을 애써 한 장의 종이에 담은 까닭이 여기에 있습니다. 결국 금강산 전체 모습이 하나의 거대한 태극무늬가 되는 셈입니다.

비슷한 그림으로 「풍악내산총람도」가 있습니다. 이 그림 역시 금강산 전체 모습을 담았지요. 그런데 그림 위쪽에 금강산이 아니라 풍악산이라고 적혀 있군요. 예, 금강산의 가을 모습이니까요. 골짜기마다 붉은 단풍이 보이잖아요. 자세히 보면 그림 사이사이에 지명이 적혀 있습니다. 당시 선비들 사이에서는 금강산 유람이 유행이었습니다. 이 그림은 여행하는 사람들을 위한 지도 역할도 한 것이지요. 물론 금강산에 가지 못하고 집에서 앉아 구경하는 사람들에게도 유용한 그림입니다. 이런 금강산의 전체 모습은 후대 화가들에게 많은 영향을 주었습니다. 김응환의 「금강전도」도 그중 한 작품입니다. 어때요, 정선의 그림을 많이 닮았지요?

김응환, 「금강전도」, 종이에 수묵담채, 26.6×35.5cm, 1772, 개인 소장

 무엇을 볼까요?

누가 참모습을 그릴 수 있을까

참, 한 가지 남았네요. 그림 위에 적힌 시입니다. 「금강전도」의 핵심 내용이 들었으니 그냥 넘어갈 수 없겠지요. 옛 글은 오른쪽에서 왼쪽으로 읽습니다. 첫 줄만 읽어볼게요. '만이천봉 개골산 하인용(萬二千峯 皆骨山 何人用)' 이렇게 시작됩니다. 전체 뜻풀이는 다음과 같습니다.

24

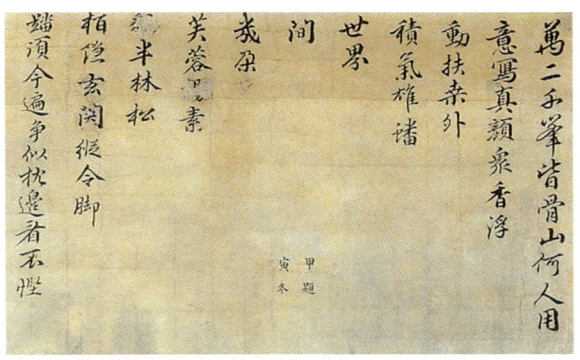

그림 위에 쓴 시에 자부심도 함께 담았습니다.

금강산 1만 2,000봉, 누가 그 참모습을 그릴 수 있을까
뭇 향기는 동해로 떠오르니 그 기운이 온 세상에 서려 있네
봉우리는 연꽃처럼 희고 나무들은 검붉으니
제 발로 걸어 다녀본들 내 그림 본 것만 할까

마치 그림의 '해설집' 같습니다. 마지막 구절에서는 정선의 자신감마저 엿보입니다. 자신의 그림을 보는 것이 직접 금강산을 보는 것보다 낫다는 뜻이니까요.

사실 「금강전도」는 현장에서 직접 그려지지 않았습니다. 정선이 쉰아홉 살 되던 해인 1734년, 자신의 방 안에 앉아 그렸지요. 정선이 마지막으로 금강산을 다녀온 때가 1712년입니다. 그러니까 「금강전도」는 금강산을 보고 난 후 무려 22년 만에 그렸습니다. 평소 금강산 그림을 수없이 그려보았기에 어려운 일은 아니었겠지요.

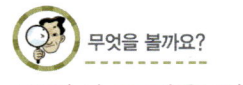 무엇을 볼까요?

금강산 그림을 많이 그린 까닭은

　정선은 왜 이토록 금강산 그림을 즐겨 그렸을까요? 당연히 필요로 하는 사람들이 많아서겠지요. 누가 필요로 했냐고요? 바로 선비들입니다. 금강산은 멀고 험해서 쉽게 갈 수 없습니다. 그런데 당시에 금강산 유람이 유행처럼 번집니다. 너도나도 앞다투어 유람을 떠났지요. 여행이 끝난 후에는 무얼 했을까요? 여러분은 어떻습니까? 여행 중에 찍었던 사진을 꺼내보며 추억을 되새기겠지요. 선비들도 마찬가지입니다. 기억을 더듬으며 그림을 감상하지요. 이렇게 방 안에 앉아 그림을 한 장씩 펼쳐보는 일을 와유(臥遊)라고 합니다. '방 안에 누워서 유람한다'는 뜻이지요. 그러려면 썩 잘된 그림을 구해야 합니다. 바로 정선이 선비들 입맛에 쏙 맞는 그림을 그렸지요.

　당시 선비들은 조선에 대한 자부심이 대단했습니다. 믿고 따르던 명나라가 망하고 오랑캐라 부르던 청나라가 들어서자 오히려 조선이 명나라 대신 중국 노릇을 한다고 여길 정도였거든요. 곧 우리 땅을 세계의 중심으로 생각한 셈입니다.

　이런 땅을 정선이 우리 방식대로 잘 표현했으니 얼마나 자랑스러웠겠습니까. 정선 그림의 인기가 높을 수밖에요. 나중엔 하도 그림 요구가 많아서 옆에서 붓질을 도와주는 사람까지 두어 가며 그릴 정도였답니다. 정선이 그렸다고 돼 있는데 수준 미달이라면 틀림없이 다른 사람이 대신 그린 것이라고 보면 됩니다.

 무엇을 볼까요?

글씨는 나중에 다른 사람이 썼을까

다시 그림으로 돌아가겠습니다. 시 아래 글자 네 개가 사각형을 이루며 '갑인동제(甲寅冬題)'라고 적혔지요? 갑인년 겨울, 즉 1734년에 그렸다는 뜻입니다. 하지만 다른 주장도 있습니다. 그림은 1734년에 그린 게 맞지만 시를 포함한 이 글씨는 1744년경 다른 사람이 썼다는 것입니다.

맨 왼쪽 위를 보면 제목인 '금강전도'라고 쓴 글씨가 보입니다. 그런데 왼쪽의 제목 글씨와 오른쪽의 시 글씨는 필체가 상당히 다릅니다. 한 사람의 필체가 이렇게 다를 리 없지요. 시의 위치도 그렇습니다. 만약 시가 없다고 생각해 보세요. 그림이 훨씬 시원해 보입니다. 이걸 아는 정선이 굳이 글씨를 채워 그림을 망칠 이유가 없다는 것이지요. 이런 이유로 시는 나중에 다른 사람이 썼다고 짐작하는 것입니다.

종이 위에는 새로운 우주가 펼쳐졌습니다. 『주역』에 입각한 음양조화의 원리가 완벽하게 구현된 땅이지요. 그냥 눈에 보이는 대로의 금강산이 아니라 우주의 원리를 탐구하고, 탐구한 원리를 그림 속에 그대로 만들어냈던 겁니다. 결코 단순한 풍경화로 치부할 수만은 없지요.

「금강전도」는 「인왕제색도」와 더불어 쌍벽을 이루는 정선의 작품입니다. 첫 시간부터 정선의 그림 세계를 제대로 맛보는군요. 「금강전도」에는 다른 얘깃거리도 많습니다. 한꺼번에 너무 많은 얘기를 하면 골치 아플 테니 이쯤에서 줄이겠습니다. 머리 좀 식히고 2교시에 만나겠습니다.

 더 알아보아요

평화의 상징, 금강산 관광

우리나라의 대기업 중 하나인 현대그룹의 주도로 시작된 관광 사업입니다. 이전까지는 남한 사람들이 북한 땅을 여행하는 게 불가능했는데 현대그룹 고(故) 정주영 회장이 1998년 6월, 소 500마리를 몰고 북한을 방문하여 금강산 관광 기본 계약서를 체결한 후, 그해 11월 유람선인 현대금강호가 첫 출항하면서 역사적인 금강산 관광이 시작되었지요.

처음에는 마땅한 숙박시설이 없어 유람선을 금강산 부근 장전항에 정박시키고 낮에는 금강산 관광을 하고 밤에는 유람선으로 돌아와 숙박하는 방식이었습니다. 이후 금강산 지역에 많은 숙박시설이 생기면서 육로를 통한 관광이 시작되었고 관광객 수는 2005년에 100만 명, 2007년에는 200만 명을 돌파했습니다. 2007년 12월 5일부터는 개성 관광도 시작되어 본격적인 남·북 문화 교류의 시대가 열렸습니다. 금강산 관광은 남북 간 평화를 상징하는 사업이었으나 2008년 7월, 남한 관광객 한 명이 아침 산책 중 북한군의 총격으로 사망하는 사건이 발생하여 지금은 모두 중단된 상태입니다.

두 번째 여행

금강산 유람은 여기서 시작이야
「장안사」

금강산은 신이 내린 선물입니다. 경치 하나만으로도 으뜸이지요. 또 하나 빼놓을 수 없는 게 있습니다. 금강산에 발붙이고 사는 사람들이지요. 아무리 아름다운 산이라도 사람이 없다면 한낱 공허한 숲일 뿐입니다. 사람들이 이 산에 숨을 불어넣었습니다. 누구냐고요? 도를 닦는 스님들이지요. 좋은 터에 자리 잡고 절을 지어 금강산을 불국토로 만들어갔습니다.

정선, 「장안사」, 『해악팔경첩』에 수록, 종이에 수묵담채, 56.0×42.8cm, 간송미술관

 무엇을 볼까요?

8만 9암자? 8람 9암자?

　금강산! 금강은 불교의 『화엄경』에 나오는 말입니다. 금강산 전체를 부처님의 세상으로 본 것입니다. 불교가 융성했던 신라·고려시대를 거치면서 금강산 구석구석에 많은 절이 세워졌습니다. 무려 8만 9개의 절이 있었다고 합니다. 유명한 민요 「정선 아리랑」에도 '강원도 금강산 1만 2,000봉, 8만 9암자'라는 가사가 있지요.

　8만 9암자! 아무리 넓고 유명한 산이라지만 절(암자)이 8만 개가 넘는다? 도저히 믿을 수 없지요. 그렇습니다. 실제로는 '8만 9암자'가 아니라 '8람(八藍) 9암자(九庵子)'였답니다. 큰 절(가람)이 여덟 개, 작은 암자가 아홉 개란 뜻이지요. 이게 와전된 겁니다. 하지만 그렇게 착각할 정도로 절이 많았다는 뜻입니다. 그중 유명한 절은 장안사·유점사·표훈사·신계사로 흔히 이 절들을 금강산 4대 사찰로 꼽습니다.

 무엇을 볼까요?

금강산 여행은 어디서부터 시작될까

　조선시대에는 한양을 출발해서 보통 4~5일이면 금강산에 도착했습니다. 가는 도중에 단발령이란 고개를 넘어야 하는데 이곳에 오르면 저 멀리 금강산이 보이기 시작한다고 합니다. 단발령은 '머리를 깎는 고개'라는 뜻입니다. 처음 마주치는 금강산의 절경에 감탄한 나머지 머리를 깎고 스님이 되어 금강산에 살고 싶은 마음이 저절로 들기 때문에 붙여진 이름이지요. 그래서 화가들도 단발령에서 바라본 금강산의 모습을 즐겨 그렸습니다.

정선, 「단발령에서 바라본 금강산」, 『신묘년풍악도첩』에 수록,
비단에 수묵담채, 34.0×38.0cm, 1711, 국립중앙박물관

왼쪽 그림은 정선의 「단발령에서 바라본 금강산」입니다. 오른쪽 고개가 단발령이지요. 가파른 고개를 올라온 선비들이 한숨을 돌리고 있습니다. 그 아래로는 나귀를 끌고 오는 하인들도 보이는군요. 왼쪽에 구름 사이로 아득히 떠 있는 하얀 금강산! 정말 연꽃 같기도 하고 어떻게 보면 보석 같기도 합니다. 눈 덮인 킬리만자로 산 같기도 하네요. 너무 신비해서 머리를 깎고 산 속에 살고 싶은 마음이 들 만도 하군요.

앞 사람들을 따라가느라 분주하네요!

드디어 금강산에 도착했습니다. 동서로 40킬로미터, 남북으로 60킬로미터, 이 넓고 깊은 산을 어디서부터 구경해야 할까요? 금강산은 흔히 외금강, 내금강으로 나뉩니다. 외금강은 경치가 웅장하기로 유명합니다. 만물상, 구룡폭포가 대표적이지요. 반면에 내금강은 아기자기한 모습을 자랑합니다. 볼 만한 경치는 여기에 많이 몰렸지요. 한양에서 출발한 사람들은 대부분 내금강부터 유람을 시작했습니다. 내금강 입구의 장안사가 바로 출발점이지요.

옛날 깊은 산속에 잠잘 곳이나 식당이 있었겠습니까. 절에다 짐을 풀고 잠을 자고 밥을 먹으면서 유람을 시작했지요. 절은 지금의 호텔이나 콘도 역할을 했습니다. 관광안내소도 겸해서 말입니다. 그래서 정선은 여길 빠트리지 않고 그렸습니다.

 무엇을 볼까요?

저렇게 큰 다리를 어떻게 놓았을까

이제 또 다른 「장안사」 그림을 자세히 볼까요. 오른쪽 위에 「금강전도」에서도 보았던 낯익은 봉우리가 있습니다. 하얗고 단단해 보입니다. 게다가 끝도 뾰족뾰족하지요. 여기에는 서릿발 준법을 썼습니다. 서릿발 준법이란 겨울에 땅이 얼어서 성에처럼 보이게 하는 그림법을 말합니다. '서릿발 같다'는 말도 있잖아요. 매섭고 아주 엄하다는 뜻이지요. 이 바위산이 그렇습니다. 이런 서릿발 준법이 다시 더 단순하고 발전된 수직준으로 나아갑니다. 「금강전도」에 보이는 산처럼 말이지요.

아래쪽에는 숲이 우거진 산이 있습니다. 가로로 긴 점을 찍어 표현했습니다. 미점준이라고 합니다. 하늘로 쭉쭉 뻗은 전나무들이 보입니다. 어찌나 능숙하게 그렸는지 리듬감마저 느껴집니다. 정선도 마치 즐거운 노래를 부르듯 신나게 그려댔을 것입니다. 복잡한 나무를 저렇게 단순하게 표현했다는 사실이 놀랍습니다. 아래위로 잣나무가 빽빽하지요? 실제로 장안사 입구는 전나무가 마치 터널을 이루듯 빽빽하게 늘어섰다고 합니다.

숲으로 둘러싸인 산기슭에 장안사가 아늑히 내려앉았군요. 정선은 절의 전체 모습을 그리는 대신 절 앞에 흐르는 계곡을 강조했습니다.

정선, 「장안사」, 『신묘년풍악도첩』에 수록, 비단에 채색, 36.0×36.5cm, 1711, 국립중앙박물관 소장

바로 내금강의 모든 물들이 모이는 금강천입니다. 아래쪽에 커다란 돌다리가 보이지요? 무지개 모양의 다리, 비홍교입니다. 홍수가 났을 때 금방 떠내려가지 않도록 저렇게 튼튼하게 돌로 만들었지요. 정선의 또 다른 「장안사」 그림에 다리 전체 모습이 잘 나타나 있습니다. 어때요, 굉장히 웅장하지요? 절과 봉우리를 압도할 정도입니다. 비홍교도 대단한 볼거리였답니다.

선비는 무얼 가리키고 있을까

산영루에서는 아까 보았던 삐죽삐죽한 봉우리가 잘 보였습니다.

자, 이제 절을 볼까요. 눈에 보이는 건물은 몇 채 안 됩니다. 가장 눈에 띄는 게 비홍교 앞에 있는 2층짜리 누각, 산영루입니다. 이곳에 서면 장경봉, 석가봉, 지장봉이 보인다고 합니다. 바로 뒤에 버티고 선 봉우리들 말이지요. 정선은 「장안사」를 그리면서 장안사에서 바라본 경치도 같이 그린 겁니다.

지금 누각에는 선비 두 명과 시동(심부름을 하는 아이)이 올랐습니다. 한 선비가 손을 들어 무언가를 가리키고 있습니다. 이런 모습은 앞으로도 자주 보게 될 겁니다. 중국 미술 교본인 『해내기관』에서 경치를 바라보는 장면은 이렇게 그려져 있거든요. 조선의 화가들도 따라 그린 겁니다. 하지만 『해내기관』과 결정적인 차이점이 있지요. 거기에 그려진 건 모두 중국 사람인데 여기엔 갓 쓰고 두루마기를 입은 우리 조선 사람입니다. 산천도 조선 산천, 사람도 조선 사람, 비로소 우리다운 그림이 만들어

『해내기관』

1609년 중국 명나라의 양이증이 편집한 산수판화집입니다. 중국의 명산과 명승지에 대한 설명과 판화도로 이루어졌지요.

36

지게 된 것이지요.

  절 가운데 고깔을 쓰고 짐을 둘러멘 스님들이 보입니다. 왼쪽으로는 이보다 훨씬 많은 건물들이 있을 겁니다. 장안사는 1,500년 전인 삼국시대에 만들어졌습니다. 당시 이 건물은 나라에서 손꼽힐 정도로 컸고 사람들도 몹시 붐볐습니다. 그래서 장안사를 '금강산의 도시'라고 부르기도 했답니다. 하지만 6.25전쟁 때 폭격을 맞아 처참하게 파괴되었지요. 지금은 터만 남아 있답니다. 장안사란 이름은 '오랫동안 평안하라'는 뜻인데, 결국 이름과는 달리 사라지고 없습니다.

스님들이 일하고 있는 중인가 봅니다.

  이 그림의 구도는 좀 특이합니다. 제목에 '장안사'라고 떡하니 적혀 있지만 정작 장안사는 왼쪽 가장자리로 밀려났습니다. 찬밥 신세가 되었네요. 그렇다고 비홍교가 주인공인 것도 아닙니다. 가운데가 잘렸잖아요. 뒤쪽에 바위 봉우리도 그렇습니다. 멀리 배경으로만 받쳐주니까요. 전형적인 구도에서 벗어나 있어서 색다른 느낌, 현대화처럼 아주 세련된 느낌을 줍니다.

 무엇을 볼까요?

정선의 영향력은 어느 정도일까

장안사에서 골짜기를 따라 올라가면 삼불암과 표훈사가 나옵니다. 삼불암은 세 분의 부처를 새긴 바위이고, 표훈사는 6.25전쟁 중에도 폭격을 맞지 않은 절이지요.

작자 미상의 「삼불암」은 좀 서툰 솜씨의 그림입니다. 가운데 바위나 계곡의 돌에 입체감이 없으니까요. 전나무도 정선의 그림에서 보

작자 미상, 「삼불암」, 『금강산도권』에 수록, 종이에 수묵담채, 26.7×43.8cm, 국립중앙박물관

이는 숙달된 필치가 아닙니다. 그런데 사람만은 역시 갓을 쓴 조선 사람으로 그려졌군요. 삿갓에 지팡이를 쓴 스님도 보입니다. 이제는 누구나 거리낌 없이 조선 사람을 그림에 등장시키네요. 최북의 「표훈사」도 어디선가 본 듯한 그림 같지요? 멀리 보이는 바위 봉우리는 수직준, 가까운 산은 미점준으로 그려졌고 전나무 역시 낯익습니다. 두 그림 모두 정선의 영향을 받았지요. 정선의 금강산 그림이 얼마나 위대한가를 보여주는 증거입니다.

> **최북(1712~?)**
> 조선 후기의 화가입니다. 호는 '붓으로 먹고 사는 사람'이란 뜻의 호생관이며 산수화와 메추라기 그림을 잘 그렸지요. 한쪽 눈이 멀어 안경을 썼으며 몹시 괴팍한 성격으로 유명했습니다.

최북, 「표훈사」, 종이에 수묵담채, 38.5×57.3cm, 개인 소장

 무엇을 볼까요?

옛 그림일까 현대의 추상화일까

> **태조 왕건(877~943)**
> 고려 제1대 왕입니다. 아버지 왕융과 함께 궁예의 부하로 활약하다가 918년, 민심을 잃은 궁예를 몰아내고 신하들의 추대로 고려를 세웠습니다. 935년, 신라 경순왕의 항복을 받고 이듬해 후백제마저 멸망시켜 후삼국을 통일했지요.

표훈사에서 올라가다 보면 정양사란 절이 나옵니다. '정양'이란 이름부터가 예사롭지 않군요. '금강산의 정맥으로 볕이 가장 잘 드는 곳'이라는 뜻이지요. 고려를 세운 왕건이 금강산에 왔다가 부처님을 직접 뵙고 이를 기념하기 위해 세운 절입니다.

무엇보다 정양사는 전망이 좋은 절로 유명합니다. 여기에 서면 금강산의 온갖 봉우리가 한눈에 들어오지요. 심지어 어떤 사람들은 "힘들여 금강산 구석구석을 다 구경할 필요가 뭐 있나. 정양사만 가면 되는데"라는 말까지 했을 정도입니다.

「정양사」 부채 그림부터 볼까요? 왼쪽 아래에 얌전히 자리 잡은 절이 정양사입니다. 전망이 좋다더니 정말 금강산 온갖 봉우리가 다 눈에 들어오는군요. 정양사를 그렸지만 사실은 정양사에서 바라본 경치를 그렸습니다. 마치 「금강전도」를 보는 듯합니다. 역시 왼쪽에는 육산, 오른쪽에는 골산이 자리 잡았습니다.

금강산을 그릴 때 정선이 가장 고민한 문제는 단단한 화강암 봉우리를 어떻게 표현할까 하는 것이었습니다. 정선 이전의 화가들이 그

정선, 「정양사」,
종이에 수묵담채,
22.0×61.0cm,
국립중앙박물관

린 금강산 그림은 남아 있지 않습니다. 이 말은 결국 금강산을 제대로 표현하지 못했다는 뜻이 아닐까요. 정선만이 자신만의 방법으로 금강산을 표현했고 보란 듯이 적중했지요.

정선은 정양사 그림을 많이 남겼습니다. 그중에서 색다른 「정양사」 그림이 하나 있습니다. 정선의 작품이라 믿기지 않을 정도로 단순합니다. 이제까지 보았던 수많은 봉우리는 사라지고 정양사를 품은 산만 보입니다. 파란색으로 산의 형상을 만들고 무심한 듯 가로로 선을 그어 숲을 표현했습니다. 파란색이 마치 정양사에서 뻗어 나오는 정기 같네요. 마치 현대의 추상화를 보는 듯합니다.

정선은 금강산의 실제 모습에 집착하지 않았습니다. 금강산에 담겨

정선, 「정양사」, 종이에 수묵담채, 28.8×21.9cm, 간송미술관

있는 참모습, 바로 금강산이 내뿜는 정기를 그리려 했지요. 우리가 금강산 그림을 보고 사진보다 더 큰 감동을 받는 것은 그림 속에 금강산의 정기가 서려 있기 때문입니다. 눈에 보이지 않은 기운까지 묘사하는 솜씨, 과연 대가답습니다.

금강산 여기저기를 구경하자니 벌써 힘이 드네요. 여기서 잠시 쉰 다음 금강산 최고의 절경인 만폭동으로 들어가겠습니다.

 더 알아보아요

우리나라의 불교

우리나라의 불교는 고구려 소수림왕(372)때 처음으로 들어왔고 이후 백제와 신라를 비롯한 삼국이 모두 불교를 믿게 되었지요. 특히 가장 늦게 불교를 받아들인 신라에서는 이차돈의 순교 후 널리 퍼져 국가적 종교로 받들어졌습니다. 신라의 불교는 국가와 왕실의 번영을 비는 호국 불교로 사상·정치·문화·생활 등 많은 분야에 영향을 끼쳤고 건축과 미술에서 찬란한 예술을 꽃피웠지요. 황룡사·감은사·법주사·통도사·월정사·부석사·불국사·해인사 등 유명한 절이 이때 세워졌고 석굴암·다보탑·석가탑도 이 시기에 만들어졌습니다. 유명한 승려로는 세속 5계를 만든 원광, 화엄종을 널리 퍼트린 의상, 불교 대중화에 공헌한 원효가 있습니다.

이런 전통은 고려시대에도 그대로 이어져 태조 왕건은 불교를 국교로 정하고 숭불정책으로 승려를 우대하여 사상적 지주로 삼았으며, 연등회, 팔관회 같은 대규모 행사도 매년 열렸습니다. 우수한 예술품도 많이 만들어졌는데 몽고를 물리치기 위해 만든 팔만대장경은 현재 세계문화유산으로 지정되어 한국 문화를 대표하고 있습니다. 이 시기의 유명한 승려로는 의천, 지눌, 나옹 등이 있습니다. 신라와 고려시대에 걸쳐 성행하던 불교는 조선시대에 들어서면서 억불정책으로 세력이 크게 꺾이게 됩니다.

즐거운 휴게소

오래 살라는 기원을 담아서
「고양이와 국화」

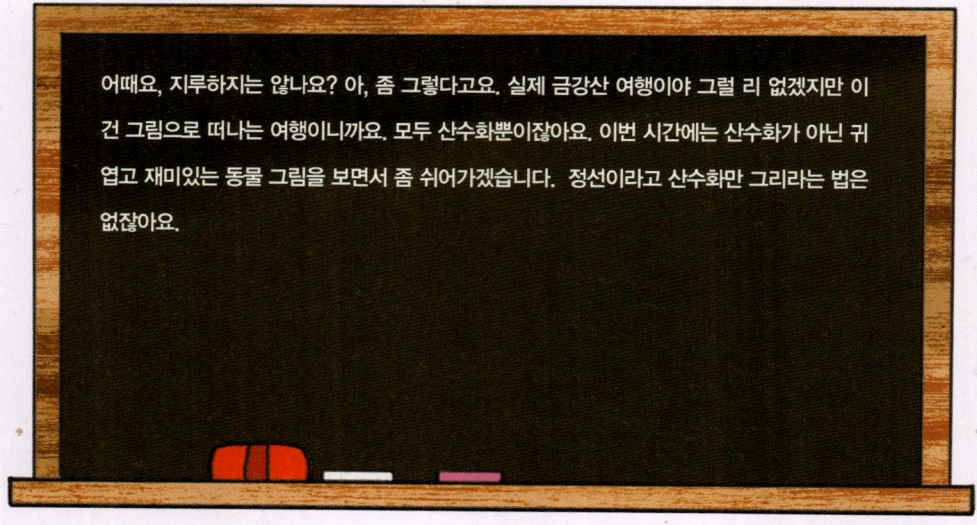

어때요, 지루하지는 않나요? 아, 좀 그렇다고요. 실제 금강산 여행이야 그럴 리 없겠지만 이건 그림으로 떠나는 여행이니까요. 모두 산수화뿐이잖아요. 이번 시간에는 산수화가 아닌 귀엽고 재미있는 동물 그림을 보면서 좀 쉬어가겠습니다. 정선이라고 산수화만 그리라는 법은 없잖아요.

정선, 「국화와 고양이」, 비단에 채색, 30.2×20.8cm, 간송미술관

얼마나 앙증맞은 그림인가

정선은 주로 산수화를 그렸으니 왠지 성격도 무뚝뚝할 것 같지요? 그래도 잘 찾아보면 섬세한 면도 있지 않을까요. 네, 바로 이 그림이 그렇습니다. 예쁜 꽃과 귀여운 동물을 보면 알 수 있지요. 위대한 화가의 눈에 어찌 산만 예쁘겠습니까. 예쁜 건 누구에게나 다 예쁜 것이지요. 「국화와 고양이」부터 볼게요. 국화가 활짝 피었습니다. 왼쪽 아래에서 오른쪽 위로 화면을 대각선으로 시원하게 가로질렀군요. 막 피려는 봉오리에서 활짝 핀 꽃까지 꽃의 모양도 다양하고 색깔도 참 곱습니다.

그 아래 검은 고양이가 한 마리 앉아 있습니다. 검은 고양이라! 어째 느낌이 좋지 않다고요? 하도 검은 고양이에 대한 말들이 많아서요. 하지만 자세히 보면 보드라운 털에 눈도 영민하게 생겼습니다. 미인 대회에 나온 고양이처럼 몸매도 날씬한데요. 꽃 옆에서 마치 모델처럼 포즈를 취한 꼴이 되었습니다. 고개를 돌려 무얼 쳐다보는데…… 아, 아래쪽에 방아깨비가 한 마리 있군요. 그 녀석을 바라보는 중입니다. 고운 꽃, 귀여

시원하게 화면을 가로지르며 꽃들이 활짝 피어 있습니다.

고양이는 무엇을 보고 있을까요?

운 고양이, 작은 곤충까지 등장하면서 아주 앙증스러운 그림이 되었습니다. 이게 전부냐고요?

 무엇을 볼까요?

고양이와 국화 속에 숨은 뜻은 무엇일까

아닙니다. 눈에 보이는 예쁜 장면 뒤편에는 다른 뜻이 숨어 있습니다. 먼저 국화부터 볼게요. 옛날 중국 형주 지방에 '국담'이란 연못이 있었습니다. 말 그대로 연못가에 국화가 많이 자랐지요. 이 물을 먹고 사는 마을 사람들은 보통 백 살 넘게 살았다고 합니다. 국화의 약효 때문이지요. 그래서 국화는 장수를 뜻하는 식물이 되었답니다.

고양이는 일흔 살 노인을 뜻합니다. 고양이를 한자로 '묘(猫)'라고 쓰는데 중국말로는 '마오'라고 읽지요. 일흔 살 노인을 뜻하는 한자인 '모(耄)' 자와 똑같은 소리가 납니다. 그래서 고양이는 일흔 살 노인을 뜻하지요. 요즘이야 수명이 길어져서 일흔 살 이상의 노인들이 많지만 옛날에는 예순 살을 넘기기도 힘들었습니다. 늘 좋은 음식을 먹고 건강에 신경 쓰는 조선 왕들의 평균 수명도 겨우 마흔일곱 살이었으니까요. 그래서 고양이 그림에는 아주 오래 살라는 뜻이 담겨 있습니다.

각각의 그림 소재에는 깊은 뜻이 숨어 있습니다.

방아깨비는 왜 그렸냐고요? 자식을 많이 낳으라는 뜻입니다. 방아깨비가 알을 많이 낳거든요. 옛날에는 자식 많이 낳는 것도 커다란 복이었습니다. 결국 이 그림에는 자녀를 많이 낳고 건강하게 오래오래 살라는 뜻이 담겼습니다.

정선, 「오이와 고슴도치」,
종이에 수묵담채, 28.8×20.0cm, 간송미술관

 무엇을 볼까요?

고슴도치는 오이를 어떻게 딸까

이번에는 「오이와 고슴도치」를 볼까요. 화면 가운데 오이 줄기가 시원하게 뻗었습니다. 아까 본 「국화와 고양이」와는 반대 방향이군요. 옅은 녹색에 잎맥까지 잘 살려 오이를 그렸습니다. 끝에는 돌돌 말린 넝쿨도 실감나게 표현했군요. 큼직한 오이도 몇 개 달렸습니다. 전부 녹색 계열이라 너무 밋밋하니 국화도 살짝 그려 넣었습니다. 저절로 눈길이 가네요.

고슴도치도 볼까요. 가시 하나하나

를 일일이 그렸습니다. 가는 붓으로 고슴도치의 특징을 잘 살렸군요. 어라? 고슴도치 등에도 오이가 한 개 얹혔군요. 어쩌다 등에 떨어진 것이라고요? 하하하, 고슴도치가 직접 딴 거랍니다. 오이 위에 그대로 뒹굴면서 가시를 이용해 포크처럼 쿡 찍어 따지요. 그래서 '고슴도치 오이 걸머지듯'이란 속담도 생겨났답니다. 남에게 진 빚이 많다는 뜻이지요.

 무엇을 볼까요?

고슴도치와 개구리에 담긴 뜻은 뭘까

오이 넝쿨은 끝없이 쭉쭉 뻗어 자랍니다. 자손이 끊이지 않고 계속 이어지라는 뜻이지요. 고슴도치는 '아주 많다'는 뜻입니다. 가시 좀 보세요. 셀 수 없을 정도로 많잖아요. 그러니까 이건 '많은 자식을 계속해서 주렁주렁 낳으라'는 뜻이 됩니다. 국화는 장수를 뜻한다고 했지요. 결국 이 그림은 대가 끊이지 않게 자식들 많이 낳고 오래오래 살라는 기원이 담긴 그림이 되는 셈입니다.

「오이와 개구리」라는 그림도 비슷한 의미를 지니고 있습니다. 역시 오이 넝쿨이 대각선으로 비스듬히 뻗쳤습니다. 아, 여긴 고슴도치 대신 개구리가, 국화 대신 빨간 패랭이꽃이 들어섰군요. 개구리 역시 자식들을 많이 낳으라는 뜻입니다. 왜냐고요? 개구리 좀 보세요. 알을 얼마나 많이 낳는지. 패랭이꽃은 꽃을 뒤집으면 옛날 장사꾼들이 쓰던 패랭이 모자와 비슷하다고 해서 붙여진 이름입니다. 역시 장수를 상징합니다. 이 그림 역시 대가 끊이지 않게 자식 많이 낳고 오래오래 살라는 뜻이지요.

그래서 그런가요. 이런 그림을 많이 그린 정선 역시 소원대로 여든네 살까지 사는 복을 누렸습니다. 예쁘고 귀여운 이 그림들, 그림 자체만으로도 충분히 잘 그렸고 보는 사람의 눈도 즐겁습니다. 게다가 좋은 뜻까지 담겼으니 눈과 마음이 함께 즐겁지 않나요.

정선, 「오이와 개구리」, 비단에 채색, 30.5×20.8cm, 간송미술관

 더 알아보아요

동물 그림에 숨은 비밀

　옛 화가들은 동물을 즐겨 그렸습니다. 물론 멋있고 예쁘기도 하지만 사실은 각 동물마다 속뜻이 있기 때문이지요. 즉, 동물이 상징물이 된 셈이지요. 옛날에는 한자를 많이 썼기에 대개 한자어와 관련된 상징이며 각 동물에는 사람들이 바라는 소원들이 담겼지요.

　개는 '재산을 지키다'라는 뜻입니다. '개 술(戌)' 자와 '지킬 수(戍)' 자의 모양이 거의 비슷하거든요. 나비는 '여든 살 노인'을 뜻합니다. '나비 접(蝶)' 자와 '여든 살 노인 질(耋)' 자는 중국말로 똑같이 '디에'라고 소리 나기 때문이지요. 참새·원숭이·닭은 벼슬을 뜻합니다. '참새 작(雀)' 자와 '벼슬 작(爵)' 자는 소리가 같고, '원숭이 후(猴)' 자와 높은 벼슬인 '제후 후(侯)' 자도 소리가 같으며, 닭의 머리에 벼슬(볏)이 달렸거든요.

　쇠똥구리·무당벌레·게처럼 등이 딱딱한 갑충(甲蟲)은 장원급제를 상징합니다. 갑(甲)은 과거 시험의 1등이거든요. 달팽이·개구리·방아깨비는 모두 알을 많이 낳기에 자식을 많이 낳으라는 뜻으로 쓰였습니다. '사슴 록(鹿)' 자와 '벼슬 록(祿)' 자는 소리가 같기에 사슴 100마리를 그린 「백록도(百鹿圖)」는 온갖 복을 받으라는 속뜻을 품고 있습니다. 쏘가리는 한자로 궐어(鱖魚)인데 궐은 '대궐 궐(闕)' 자와 소리가 같아 대궐을 상징하고, 학은 1,000년을 산다고 믿었기 때문에 장수를 상징합니다.

세 번째 여행

들을 때는 천둥이더니 와보니 눈이구나

「만폭동」

그림은 눈으로 보는 겁니다. 하지만 소리를 듣는 그림도 있습니다. 화가가 눈앞에 펼쳐진 풍경보다는 들리는 소리에 더 깊은 인상을 받아 그렸기 때문입니다. 어떤 소리냐고요? 물소리입니다. 만폭동! 1만 개의 폭포가 늘어선 곳이니 물소리가 얼마나 대단했을까요? 마치 천둥소리 같았겠지요. 정선은 그 소리를 모두 화폭에 담았습니다.

정선, 「만폭동」, 비단에 수묵담채, 33.0×22.0cm, 서울대학교 박물관

🔍 무엇을 볼까요?
왜 바위에 낙서를 할까

금강산 유람이라면 으레 내금강을 뜻하고, 내금강 중에서도 으뜸가는 경치는 바로 만폭동입니다. 만폭동이 금강산 유람의 핵심이 되는 셈이지요. 맨 처음에 보았던 그림인 「금강전도」에도 만폭동은 그림 한가운데 자리 잡았습니다. 내금강 골짜기의 모든 물이 여기로 흘러든다고 하지요. 만폭(萬瀑)이란 말부터가 '1만 개의 폭포'라는 뜻이니까요. 따라서 우레 같은 물소리 때문에 눈보다는 오히려 귀가 번쩍 뚫리는 곳입니다. 이런 강렬한 인상 때문에 만폭동은 어느 곳보다 자주 그려졌지요. 가장 널리 알려진 「만폭동」 그림을 더 자세히 볼까요.

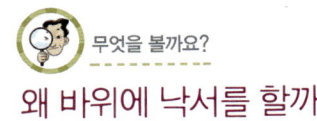

선비 두 사람이 폭포를 감상하고 있습니다.

가운데 선비 두 사람이 만폭동의 경치를 바라보는 중입니다. 역시 한 사람은 왼팔을 들어 무언가를 말하고 있는 것 같습니다. 「장안사」에서도 보았듯, 갓 쓰고 두루마기 입은 조선 사람들입니다. 서 있는 곳이 굉장히 넓어 보이지요? 그 유명한 만폭동 너럭바위입니다. 실제로도 매우 넓어 수백 명이 동시에 앉을 수 있답니다. 깊은 골짜기에 어찌 저런 넓은 바위가 있는지 놀라울 뿐입니다.

너럭바위에는 더 이상 새로 쓸 곳이 없을 정도로 온갖 글씨가 새겨져 바위를 채우고 있습니다. 워낙 절경인데다 바위 또한 종이처럼 넓고 평평하니 선비들이 그냥 둘 리 없었겠지요. 가장 유명한 글씨는 양사언의 솜씨입니다. 양사언은 한석봉, 김정희와 더불어 조선의 3대 명필로 꼽히는 사람이지요. 거기에 그는 '만폭동' 세 글자와 '봉래풍악 원화동천(蓬萊楓嶽 元化洞天)'이라는 여덟 글자를 새겼습니다. 만폭동이 금강산에서 제일가는 골짜기라는 뜻이지요. 이 글자는 만폭동의 멋진 경치와 무척 잘 어울린다는 평가를 받고 있습니다.

> **양사언(1517~84)**
> 조선 전기의 문인이자 서예가입니다. 호는 봉래이며 대동현감, 안변군수를 역임했습니다. 풍류를 좋아하여 많은 곳을 여행했으며 가는 곳마다 글씨를 남겼지요. 특히 초서와 해서를 잘 썼으며, 작품을 모은 『봉래유묵집』이 전합니다.

하지만 무분별하게 새겨진 글씨는 낙서에 불과합니다. 좋은 경치를 망치기 십상이지요. 여러분도 관광지를 돌아다니다가 낙서를 발견하면 눈살을 찌푸리잖아요. 심지어 이집트의 피라미드에도 우리나라 사람이 쓴 한글 낙서가 있다고 합니다. 옛날에도 그랬나 봅니다. 그래서 이상수 같은 선비는 "깨끗한 돌에 무슨 죄가 있다고 거기에 글을 새겨 그 살을 째놓는가. 이건 잘못된 일이다"라고 꼬집었지요.

> **이상수(1820~82)**
> 조선 말기의 학자입니다. 문장력이 뛰어났으며 실학의 중요성을 강조했지요. 금강산 유람 후 섬세하고 화려한 필치로 『동행산수기』를 썼습니다

 무엇을 볼까요?

금강대 꼭대기에 정말 학이 살았을까

진짜 병풍처럼
봉우리가 늘어서 있네요!

너럭바위 주위에는 다양한 크기의 바위들이 있습니다. 김창협은 금강산 기행문인 『동유기』에서 바위들을 "우뚝한 놈, 뭉실한 놈, 삐죽한 놈, 민특한 놈, 이런 놈, 저런 놈"으로 표현했습니다. 그야말로 영화 제목처럼 '놈·놈·놈'이군요. 물과 싸우다 보니까 저렇게 개성 있는 모양으로 변하게 되었지요.

맨 뒤를 보세요. 고만고만한 봉우리들이 왼쪽에서 오른쪽 끝까지 병풍처럼 쭉 늘어서 있지요? 바로 중향성입니다. 성처럼 쭉 둘러섰다고 해서 붙은 이름이지요. 이 그림이 웅장한 합창의 한 장면이라면 중향성은 든든한 베이스 음처럼 그림을 받쳐주고 있습니다.

금강대는 학이
살던 곳이랍니다!

낙관 바로 아래 높이 치솟은 벼랑이 그 유명한 금강대입니다. 너무 가파르기 때문에 사람이 올라갈 수 없습니다. 여기에 학이 새끼를 치고 살았답니다. 학이 살았다면 선비들은 그냥 지나치질 않지요. 중국의 임포라는 선비가 학을 자식처럼 기르며 살았다는 옛날이야기 때문입니다. 그래서 학과 선

정선, 「금강대」, 종이에 수묵담채, 28.8×22.0cm, 간송미술관

> **『동유기』**
> 조선 후기의 유학자 김창협이 지은 금강산 기행 산문입니다. 31일간의 여행을 날짜별로 기록한 17세기의 대표적인 기행문이지요.

> **임포(967~1028)**
> 중국 북송의 시인입니다. 부귀영화를 멀리하고 자연 속에서 독신으로 살면서 매화와 학을 매우 사랑했지요. 작품집으로 『임화정집』이 있습니다.

비들은 찰떡궁합이 되었지요. 정철도 「관동별곡」에서 여길 빠트리지 않았습니다. "하얀 학이 공중에 날아올라 나를 임포인 줄 알고 반겨준다"고 했거든요. 정철은 학을 실제로 본 것처럼 실감나게 시를 읊었군요.

정선은 금강대 풍경만을 담은 그림을 따로 그렸습니다. 아까 본 「정양사」처럼 한 폭의 수채화를 연상케 하는 작품이지요. 두 개의 봉우리가 뒤를 받쳐주고 있습니다. 옅은 선으로 있는 듯 없는 듯 슬쩍 윤곽만 그렸습니다. 주인공인 금강대는 눈앞으로 바짝 당겨 그렸군요. 역시 세밀한 붓질을 생략했습니다. 꼭대기에 소나무 몇 그루와 바위의 윤곽을 옅지만 거친 선으로 표현했습니다. 푸른색을 옅게 깔아 전체적으로 은은한 분위기를 만들었군요. 얼핏 보면 그리다 만 그림 같기도, 형편없이 서툰 솜씨 같기도 합니다. 그런데도 붓과 먹의 힘이 살아 있습니다. 노련한 화가만이 이룰 수 있는 경지이지요.

 무엇을 볼까요?
물소리를 어떻게 그림에 담았을까

다시 「만폭동」으로 돌아갈게요. 너럭바위 주위와 벼랑에는 소나무가 숲을 이루었습니다. 소나무 치는 솜씨가 예술이네요. 가지는 가로로 획획 치고 줄기는 한 번에 쭉 내리그었습니다. 정선의 전 매특허인 '정선표' 소나무이지요. 정선의 그림에는 빠짐없이 등장하니 눈여겨 보아두세요.

쭉쭉 내리그은 봉우리, 획획 휘두른 것 같은 소나무 그림을 자세히 바라보면 빠른 리듬감이 느껴집니다. 정선은 한꺼번에 두 개의 붓을 잡고 그렸다는데 이 그림을 보면 어떻게 그렸을지 상상이 갑니다. 아무렇게나 붓질을 해도 바로 그림이 되어버리는 달인의 경지에 다다른 겁니다. 당시 나이가 일흔이 넘었는데도 그림에서만큼은 여전히 힘이 넘칩니다. 공자가 "일흔이 되어서는 무엇이든 하고 싶은 대로 해도 법도에 어긋나지 않는다"라고 했는데 정선이 그림에서 이룬 경지가 바로 그렇습니다.

역시 만폭동의 핵심은 물입니다. 높은 곳에서 떨어지기도 하고 빙글빙글 돌기도 하고 거품을 일으키기도 합니다. 너럭바위 앞에서는 깊은 강을 이루었습니다. 저렇게 물이 벼락같이 떨어지고, 돌고, 거품

한꺼번에 두 개의 붓으로 그린 소나무 그림입니다.

● 폭포의 모습을
실감 나게
표현했습니다.

을 일으키니 소리가 만만치 않았겠지요. 그래서 정철은 「관동별곡」에서 다음과 같이 노래했습니다.

백천동 곁에 두고 만폭동 들어가니
은 같은 무지개 옥 같은 용의 꼬리
섞여 돌며 뿜는 소리 십 리에 퍼졌으니
들을 때는 우레더니 와서 보니 눈이로다

그만큼 물소리가 인상적이었다는 뜻입니다. 정선의 그림도 마찬가지입니다. 보는 게 아니라 웅장한 합창을 듣는 것 같으니까요. 소나무도 마치 오선지의 음표처럼 높낮이를 이루었군요. 뒤에 쭉 늘어선 봉우리 합창단과 함께 절묘한 하모니를 이루었습니다.

 무엇을 볼까요?

다른 느낌의 만폭동 그림은 없을까

수많은 봉우리는 다투어 빼어나고 골짜기마다 물소리 요란한데
초목이 우거져 그 위를 덮고 구름과 아지랑이 자욱하다

「만폭동」 그림 위에 적힌 제시입니다. 중국 화가 고개지의 글인데 그림의 분위기와 딱 맞아 떨어지지 않나요? 이 시는 나중에 다른 사람이 써 넣었지요. 시의 내용처럼 그림 역시 좀 어지러운 느낌이 듭니다. 빈틈이라고는 거의 없는 데다가 붓질이 세세하고 빨라 넋이 빠질 지경이거든요. 실제로도 그랬을 겁니다. 삐죽삐죽 솟은 바위, 여기저기 늘어선 소나무, 세차게 흐르는 물…… 만폭동에 들어서자마자 너나없이 정신을 빼앗기겠지요. 정선도 이런 느낌을 받았을 겁니다. 그리고는 처음 받은 느낌대로 한 치의 오차 없이 화면에 재현했지요.

> **고개지(?~?)**
> 중국 동진 때의 화가이자 시인입니다. 다방면의 예술 분야에서 재능을 발휘했고 인물화의 새로운 정형을 세웠습니다. 「낙신부도권」과 「여사잠도권」 두 점의 작품이 전합니다.

또 다른 「만폭동」도 있습니다. 조금 전 「만폭동」이 벅찬 감동을 주체할 수 없이 솔직하게 표현했다면 이 그림은 상당히 차분한 느낌입니다. 뒤쪽에 받쳐주는 봉우리도 엷고 붓질도 점잖습니다. 소나무나 바위에서도 아까만큼의 리듬감은 느낄 수

정선, 「만폭동」, 『해악전신첩』에 수록, 비단에 수묵담채, 32.0×24.9cm, 간송미술관

없습니다. 흐르는 물도 그리 요란스럽지 않네요. 너럭바위에는 사람도 없군요. 느낌을 그렸다기보다는 있는 경치만 그대로 그렸습니다. 같은 화가의 그림이라도 이렇게 다르군요.

다른 화가의 그림도 볼까요? 김윤겸의 「원화동천」입니다. '원화동천'은 양사언이 만폭동 너럭바위에 새긴 글귀라고 아까 말했지요. 멀리 금강산의 암봉이 보이고 왼쪽에 금강대도 그려져 있습니다. 역시 너럭바위 위에 선비들이 보이는군요. 정선의 그림과 내용이 비슷합니

김윤겸, 「원화동천」, 『봉래도권』에 수록, 종이에 수묵담채, 27.5×39.0cm, 국립중앙박물관

다. 그런데 느낌은 전혀 다릅니다. 붓질이 복잡하지 않고 아주 간결하잖아요. 푸르스름한 빛이 나는 먹을 전체적으로 연하게 칠했습니다. 정선처럼 무겁지 않고 가벼운 느낌입니다. 화가에 따라 같은 소재라도 그림은 이렇게 달라질 수 있습니다.

 무엇을 볼까요?

누가 진주알을 뿌려놓았을까

만폭동을 지나 비로봉을 넘어서면 외금강이 시작됩니다. 여기서 또 하나의 절경과 마주치게 되지요. 구룡폭포입니다. 아홉 마리의 용이 살았다는 전설이 있어서 붙여진 이름이지요. 폭포 밑에 절구통처럼 깊게 패인 못이 있어 구룡연이라고도 합니다. 설악산의 대승폭포, 개성의 박연폭포와 함께 우리나라 3대 폭포로 꼽히지요. 높이만도 100미터가 넘는데다가 떨어지는 물의 양도 많아 흩어지는 물보라가 장관을 이룹니다.

최치원은 "천 길 하얀 비단을 드리웠는가, 만 섬 진주알을 뿌렸는가"라고 노래했습니다. 송시열은 "성난 폭포는 한가운데로 곧장 쏟아지니 사람으로 하여금 눈을 돌리게 한

> **최치원(857~?)**
> 신라 말기의 학자이자 문장가입니다. 자는 고운이며 열두 살에 중국 당나라에 유학하여 과거에 급제한 후 뛰어난 문장력으로 이름을 떨쳤지요. 884년, 신라로 귀국한 후 여러 벼슬을 지냈으나 제대로 뜻을 펴지 못하고 해인사에서 여생을 마쳤습니다. 저서에 『계원필경』이 있습니다.

정선, 「구룡폭포」, 『겸재첩』에 수록, 종이에 수묵담채, 25.0×19.2cm, 개인 소장

다"고 했지요.

많은 화가들도 이 절경을 그냥 두지 않았습니다. 정선 역시 여러 장의 구룡폭포를 그렸습니다. 대표작이 이 「구룡폭포」입니다. 높다란 바위에서 떨어지는 물줄기를 단순한 붓질로 잡아냈습니다. 구도도 간단하고 물줄기만을 클로즈업해서 그렸네요. 저렇게 직선으로 내리긋은 물줄기는 정선의 특기입니다. 나중에 「박연폭포」에서 진면목을 보게 될 테니 기대하세요.

 무엇을 볼까요?

세상에! 가마를 타고 산을 올랐다고요

구룡폭포까지 보았으면 웬만한 금강산의 절경은 다 구경한 셈입니다. 이제는 집으로 돌아가야 합니다. 요즘이야 승용차나 버스를 타면 그만이지요. 옛날에는 어땠을까요? 바로 이 그림 「백천교」에

정선, 「백천교」, 『신묘년풍악도첩』에 수록, 종이에 수묵담채, 33.2×32.7cm, 개인 소장
(허가번호 : 중박201106-326)

나옵니다.

　장안사 비홍교가 금강산의 입구라면 백천교는 출구입니다. 지친 몸을 잠시 추스르면서 돌아갈 준비를 하는 곳이지요. 그래도 금강산 자락이니 경치가 좋습니다. 사방이 전나무로 둘러싸였고 골짜기에는 시원한 물이 흐릅니다. 가운데 넓은 바위 위에 선비 두 사람이 앉았군요. 휴식을 취하기에 딱 좋은 곳이지요.

짐을 들고
선비들을 돕는 중을
가마중이라고 합니다.

미리 전갈을 받아서
마중 나와 있는
사람들입니다.

왼쪽 아래를 보세요. 가마를 앞에 놓고 하얀 고깔을 쓴 사람들이 서 있지요? 금강산의 절에 사는 스님들입니다. 왜 저렇게 모여 있냐고요? 선비들이 탄 가마를 메야 하니까요. 그래서 가마중이라고도 합니다. 선비들은 산을 오를 때 걷지 않고 가마를 탔습니다. 아무리 험한 산길이라도 선비 체면에 걸을 수 없으니까요.

세상에! 혼자 오르기도 힘든 산에 가마까지 메고 올라야 했다니, 얼마나 힘들었을까요. 맞습니다. 가파른 언덕을 오를 때는 미끄러지기가 예사였고, 그럴 때면 다른 사람들이 뒤에서 밀고 옆에서 붙들고 해서 올라갔습니다. 반면 선비들은 두루마기에 갓 쓰고 부채 하나 달랑 든 채 가마에 탄 것이지요. 그들이 절경 앞에서 감탄을 하며 시를 읊고 그림을 그릴 때, 저렇게 고생하는 사람도 있었다는 걸 기억해 두세요.

하지만 여기까지입니다. 백천교에 이르면 스님들의 임무는 끝납니다. 이제 선비들은 나귀나 말로 갈아타야 합니다. 오른쪽 아래를 보세요. 이번엔 벙거지를 쓴 마부들이 말과 나귀를 대령하고 있잖아요. 미리 전갈을 받고 기다리는 중이지요. 그런데 제목은 분명 '백천교'인데 다리는 눈 씻고 봐도 없네요. 글쎄요. 홍수에 떠내려갔을까요? 그나저나 저 선비들 큰일 났습니다. 꼼짝없이 발을 적시거나 하인 등에 업혀서 건너야겠군요.

 더 알아보아요

금강산을 노래한 시인들

신라 때 최치원의 금강산 시(9세기, 가장 오래된 기록) 이후, 고려를 거쳐 조선시대에 들어서면 금강산을 노래한 시가 봇물을 이룹니다. 먼저 조선 초기의 학자인 권근은 명나라 황제 앞에서 「금강산」이라는 시를 지었습니다. 덕분에 조선 초 명나라와의 서먹서먹한 관계가 개선되었다고 합니다. 이어 성현이라는 학자가 「유점사」를, 유희경이 「몽상비로봉」을 노래했습니다. 조선 중기로 내려오면 이황의 「금강산」과, 금강산의 바람·달·물·구름을 노래한 이이의 「산중사영」이 있습니다. 이이는 글자 수가 3,000자나 되는 「풍악행」이라는 긴 시도 남겼지요. 조선 후기에 이르자 금강산 유람이 본격화되면서 셀 수 없이 많은 금강산 문학이 태어납니다. 김창흡의 「구룡연」, 이병연의 「마하연」, 박제가의 「금강산」, 박지원의 「총석정 일출」이 특히 유명하지요.

기행 산문도 여럿입니다. 기행 산문은 시와는 달리 내용이 풍부하며 필치 또한 섬세하고 화려합니다. 다만 서로 엇비슷한 내용이 많지요. 남효온의 『유금강산기』, 김창협의 『동유기』, 이하곤의 『동유록』, 이상수의 『동행산수기』 등이 유명합니다. 하지만 금강산 기행 산문의 백미는 누가 뭐래도 한글 가사인 정철의 「관동별곡」입니다. 근대 이후 당대 최고의 작가였던 이광수의 『금강산유기』, 최남선의 『금강예찬』 같은 명문장도 태어나 금강산의 아름다움을 마음껏 노래했습니다.

자유토론

바다에 떠 있는 또 하나의 금강산

「해금강」

금강산은 산속에만 있는 게 아닙니다. 바다에도 있지요. 금강산에서 뻗어 내린 줄기가 동쪽으로 달리고 달리다 바다에 막혀 더 이상 가지 못하자 그곳에 마지막 흔적을 뿌려놓았습니다. 바로 해금강이지요. 금강산이 달리 금강산입니까. 바다의 금강산 역시 산 못지않은 절경을 자랑합니다. 금강산이라면 뭐든지 그렸던 정선이 해금강을 빠트릴 리 없었겠지요.

정선, 「해금강」, 『겸재첩』에 수록, 비단에 수묵담채, 25.0×19.2cm, 개인 소장

바다의 금강산은 어디에 있을까

해금강이 뭐예요? '금강'이란 말이 들었으니 금강산과 관계가 있는 것 아닐까요?

혹시 강 이름 아닐까요? 한강, 낙동강, 압록강처럼.

해금강은 바다의 금강산이라고 들었어요. 몇 년 전에 가족들과 금강산 관광을 다녀왔는데요. 어릴 적이라 확실하진 않지만 그때 구경한 것 같아요.

맞습니다. 해금강도 금강산입니다. 동해까지 쭉 뻗어 나온 금강산 줄기가 바닷물과 비바람에 깎여서 기암괴석을 이룬 곳이지요. 모양이 다양하고 신기해서 또 하나의 볼거리가 되었답니다.

좋은 구경이라면 먼 길도 마다 않던 선비들이 여길 빠트릴 리 없었겠어요.

맞아요. 우리 할아버지도 몸이 불편하셨지만 열심히 구경하셨거든요. 어쩌면 금강산보다 더 신기했을 거예요.

옛 선비들은 금강산 유람이 끝나면 백천교를 건너 해금강까지 두루 구경했습니다. 산과 바다의 절경을 한꺼번에 볼 수 있거든요. 「해산정」이라는 그림을 보세요. 뒤쪽으로 마치 눈이 쌓인 것처럼 하얗고 뾰족한 봉우리가 보이지요? 바로 금강산입니다. 왼쪽 아래에는

정선, 「해산정」, 『신묘년풍악도첩』에 수록, 비단에 수묵담채, 26.8×37.6cm, 국립중앙박물관

바다까지 보이네요. 이렇게 금강산과 해금강을 한꺼번에 볼 수 있도록 가운데 반듯한 정자를 지었습니다. 바다와 산을 동시에 볼 수 있다고 '해산정(海山亭)'이라 불렸다는군요.

 해금강은 구체적으로 어딜 말하는 걸까요?

넓게는 삼일포와 총석정까지 두루 포함하지만 좁게는 고성 앞바다의 경치만을 뜻하지요. 먼저 고성 앞바다의 「해금강」 그림부터 볼까요.

 함께 얘기해봐요

대충 아무렇게나 그렸다고요

와! 소문대로 온갖 신기한 모양의 바위로 가득하네요. 금강산의 바위들과 비슷한데요.

그러니까 해금강이라고 부르는 것 아닐까요?

실제로 해금강의 바위는 금강산처럼 뾰족하지 않고 둥글둥글하답니다. 아마 금강산과 닮게 하려고 비슷하게 그렸나 봐요. 바다만 아니라면 금강산을 그린 것으로 착각하겠어요.

바위가 살아 움직이는 것 같아요. 들쑥날쑥, 삐죽삐죽, 진짜 바위 같잖아요.

원근법이 뚜렷해서 그렇겠지요. 앞에 바위는 색깔을 짙게 칠했고 멀리 뒤쪽으로는 대충 봉우리 윤곽만 잡았습니다. 앞에 바위도 먹의 농담을 잘 살려 아래쪽은 짙고 위쪽

> **원근법**
> 그림에서 멀고 가까움을 나타내어 입체감을 표현하는 기법을 말합니다. 보통 가까운 곳은 크고 진하게, 먼 곳은 작고 연하게 그리지요.

은 옅게 칠했군요.

제가 보기에는 아무렇게나 그린 것 같은데요?

저는 아주 잘 그린 것 같은데요. 느낌이 좋잖아요.

보는 관점이 서로 약간 다르네요. 이건 나중에 다시 한 번 설명할 기회가 있을 겁니다. 「해금강」은 정선이 일흔 살 무렵에 그린 것이라고

합니다. 정선은 나이가 들수록 점점 기량이 좋아졌다고 하거든요. 갈수록 대담해져서 잔 붓질을 생략하고 대충 그린 듯한데도 풍경이 주는 핵심이 생생하게 살아나지요. 이게 화가의 진정한 실력입니다.

 함께 얘기해봐요

파도는 왜 저렇게 넘실거릴까

저는 바위보다도 넘실거리는 파도가 더 신기해요. 바다 한가운데 있는 독도를 보는 것 같아요.

그러게요. 바람이 엄청나게 많이 부나 봐요.

하하하, 저건 정선 특유의 바다 표현법입니다. 정선의 바다 그림에는 하나같이 저렇게 넘실대는 파도가 나옵니다. 「옹천」이라는 그림에서는 해금강 근처 바닷가에 독처럼 생긴 바위 벼랑이 보이지요. 그림 한가운데 천 길 낭떠러지 길을 걷는 사람이 있는데요. 보기만 해도 아슬아슬하지요? 이 그림에서도 역시 집채만 한 파도가 넘실거립니다. 정선의 작품임을 바로 알 수 있지요. 김하종의 「해금강」과 비교해보세요. 확실히 다르다는 것을 느낄 수 있습니다.

정선이 바위나 파도를 실제보다 과장해서 그렸다는 말인가요?

진경산수화는 실제 모습과 똑같이 그리는 게 아닌가요? 저는

정선, 「옹천」, 『신묘년풍악도첩』에 수록, 종이에 수묵담채, 26.6×37.7cm, 국립중앙박물관

그런 줄 알고 있었는데요.

🧑 진경산수화라고 해서 똑같이만 그리는 것은 아닙니다. 실제 풍경을 바탕으로 하되 자신이 받은 느낌을 살려 그렸지요.

👧 단단한 바윗덩어리와 넘실거리는 파도가 잘 어울리는 것 같아요.

🧑 그렇지요. 서릿발 같은 기암괴석과 넘실거리는 파도가 묘한 대조를 이루고 있어요.

👧 김하종의 「해금강」에서는 파도가 훨씬 잠잠하네요. 바위도 그리 뾰족하거나 웅장하지 않아요. 제가 본 해금강이 이랬던 것 같아요.

👧 저런 곳에서 배를 타다니 위험하지 않을까요?

김하종, 「해금강」, 『풍악권』에 수록, 종이에 수묵담채, 30.9×49.7cm, 개인 소장

👤 선비들은 유달리 뱃놀이를 좋아했지요. 물을 또 하나의 새로운 세계로 보았던 거지요. 바다나 강을 그리면 어김없이 뱃놀이 장면을 끼워 넣었지요.

👤 아! 그래서 「해금강」에도 배를 띄웠네요. 그런데 정선의 그림 「해금강」의 뱃놀이는 정말 위험해 보여요. 금방이라도 배가 뒤집힐 것 같잖아요.

👤 물결을 심하게 일렁이게 한 까닭이 있습니다. 실제 저렇게 파도가 일렁이면 뱃놀이를 못합니다. 그렇지만 선비들의 마음에는 거대한 파도 위에서 뱃놀이를 하고픈 기대감이 있었습니다. 정선이 그걸 간파하고 저렇게 그린 거지요.

보기만 해도 위험해 보이는 곳에서 뱃놀이를 즐기고 있네요.

 함께 얘기해봐요

삼일포, 사선정은 무슨 뜻일까

 이번에는 호수입니다. 「삼일포」라는 그림이지요. 삼일포는 해금강 근처에 있는데 둘레가 8킬로미터나 됩니다. 가운데 섬에는 사선정이란 정자까지 세워놓았지요.

삼일포, 사선정? 모두 숫자가 들어 있네요.

신라시대의 영랑, 술랑, 안상, 남석행 등 네 명의 화랑이 여기 왔다가 아름다운 경치에 반해 시간 가는 줄도 모르고 사흘 동안 신선처럼 놀았다고 해서 사선정(四仙亭), 삼일포(三日浦)가 되었답니다.

분위기가 아주 고요한데요. 「해금강」에 비하면

정선, 「삼일포」, 『해악팔경첩』에 수록,
종이에 수묵담채, 56.0×42.8cm, 간송미술관

얌전하네요.

원래 호수 물이 잔잔하잖아요. '내 마음은 호수'라는 말도 있으니까.

아까 본 금강산 그림들은 빈틈없이 꽉 차 있었는데 여긴 빈 공간이 많아요. 저 멀리 하늘도 비워두었고 가운데 물도 모두 여백으로 남겼네요. 바위와 봉우리도 뾰족한 곳이 없잖아요. 모두 둥글둥글해요.

바위도 똑같은 방법으로 그린 게 하나도 없습니다. 자세히 살피면 재미있는 사실을 발견하게 됩니다. 아래쪽의 바위를 자세히 보세요.

아! 마치 서 있는 사람 같네요. 마치 형제처럼 꼭 닮았어요. 오른쪽이 형, 왼쪽은 동생인가 봐요.

재미있는 모양의 바위가 형제처럼 서 있습니다.

그럼, 꼭대기의 소나무는 머리털이겠네요. 형은 양손을 소맷자락에 넣고 누굴 기다리네요. 그 아래 나귀를 탄 선비들을 마중 나왔나 보군요.

 하하하!

저는 가운데 섬 바위가 재미있어요. 마치 조개껍데기 같잖아요.

고요한 호수 한가운데 바위가 섬처럼 놓여 있습니다.

왼쪽에는 공깃돌처럼 생긴 바위들이 쌓였어요. 사람, 조개, 공

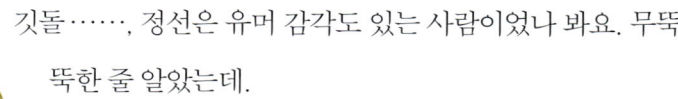

당나귀가 꼬리를
휘날리며 어디론가
가고 있네요.

깃돌……, 정선은 유머 감각도 있는 사람이었나 봐요. 무뚝뚝한 줄 알았는데.

아까 본 「옹천」 그림도 잘 보세요. 벼랑 끝을 돌아가는 곳에 나귀 꽁지를 살짝 그려놓았습니다. 대단한 유머지요. 결코 무뚝뚝한 분이 아니었습니다.

물이 있으니 뱃놀이가 빠질 리 없어요. 호숫가에 사공이 배 띄울 준비를 하네요. 사공의 모습이 참 재미있는 것 같아요. 아주 간단한 선으로 작게 그렸는데도 배 띄울 준비를 한다는 사실을 대번 알 수 있습니다.

맨 아래쪽을 보세요. 두 명의 선비가 나귀를 타고 뒤에는 짐 보따리를 멘 하인이 따라오고 있습니다. 당시 선비들이 여행하는 방법이지요. 미리 전갈이라도 했는지 사공이 때맞춰 뱃놀이 준비를 하는 모양이군요.

전갈 받은
사공이 뱃놀이 준비를
하고 있군요.

 함께 얘기해봐요
- - - - - - - - - -
장인의 솜씨인가 귀신이 다듬었나

선생님, 저건 또 뭐지요? 높다란 기둥이 나란히 서 있네요.

정선, 「총석정」, 『해악팔경첩』에 수록, 종이에 수묵담채, 56.0×42.8cm, 간송미술관

「총석정」이란 그림입니다. 총석정은 해금강 중에서도 아주 특이한 볼거리이지요. 이곳에서는 육각형의 돌기둥이 다발로 묶여 세워져 있는 모습을 볼 수 있어요. 그래서 돌 다발이라는 뜻의 총석(叢石)이라 부릅니다. 총석정은 그 옆에 있는 정자를 말합니다.

진짜, 오른쪽 벼랑 위에 반듯한 정자가 있네요. 그 옆에 두 명의 선비들이 구경하는 중이군요.

역시 선비는 한 팔을 들었네요. 저런 장면만 보이면 "아! 멋진 경치를 구경 중이구나" 하고 생각하면 되겠네요.

어떻게 저런 괴상한 모양의 바위가 생겨났지요?

지각변동으로 땅에서 솟은 바위가 오랜 세월 비바람을 맞아 풍화된 것입니다. 금강산 바위와는 달리 화강암이 아니라 현무암이지요.

현무암? 제주도에 많이 있는 돌이라고 배웠어요. 맞다! 저도 제주도에 갔다가 비슷한 광경을 본 적이 있어요. 부모님이 '주상절리'라고 알려주셨는데 저렇게 높지는 않았지만 똑같은 육각형 모양이었어요. 참 신기하게 생겨서 기억하고 있었는데 옛사람들 눈에도 신기하게 보였나 봐요.

그래서 정철은 「관동별곡」에서 "뛰어난

화강암과 현무암

화강암은 마그마가 땅속에서 굳어서 만들어진 암석이고, 현무암은 용암이 땅 위를 흐르다가 굳어서 만들어졌습니다. 화강암은 밝은 색에 검은색 반점이 있고 현무암은 검은색입니다. 현무암에는 가스가 빠져나간 자국으로 구멍이 듬성듬성 뚫려 있지요.

주상절리

용암이 흐르다 바다와 만나면서 굳을 때 기둥 모양으로 굳어져 생긴 지형을 말합니다. 제주도 남부 해변에서 볼 수 있지요. 기둥의 단면은 사각형, 육각형 등이며 용암의 두께, 냉각 속도에 따라 높이와 굵기가 다양하게 발달합니다.

장인의 솜씨인가, 귀신이 다듬었는가"라며 감탄했지요.

 그림이 참 시원스럽네요. 앞을 탁 틔워놓았잖아요. 총석정에서 바라보는 바다 역시 저렇게 시원했겠지요.

크큭, 맨 아래 좀 보세요. 웃겨 죽겠어요.

'겸재표 소나무' 말인가요?

아니, 솔밭 사이를 좀 보세요. 나귀를 매어놓고 하인 두 사람이 앉아 쉬고 있잖아요. 멀리까지 따라왔으면 멋진 경치를 구경할 만도 한데 만사가 귀찮다는 자세잖아요. 수학여행 가서도 버스에서 내리기도 귀찮다며 저렇게 쉬는 친구들이 있거든요. 얼마나 피곤했으면 저럴까요. 나귀 끌랴 양반들 뒤치다꺼리하랴, 다리도 퉁퉁 부었겠네요.

선비들을 따라오느라 피곤했던 하인들은 숲에서 잠시 쉬고 있습니다.

저걸 보니 저도 쉬고 싶네요. 산에 오르랴, 바다를 굽어보랴 오늘은 너무 무리했어요.

호호호! 마치 진짜 여행이라고 한 듯이 말하네요. 그나저나 구경 한 번 잘했네요. 벌써 다음 시간이 기대돼요!

 더 알아보아요

세 얼굴의 금강산, 내금강·외금강·해금강

금강산은 동서로 40킬로미터, 남북 60킬로미터에 넓이가 530제곱킬로미터에 이르는 넓은 지역입니다. 보통 3개 지역으로 구분하는데 금강산 최고봉인 높이 1,638미터의 비로봉을 중심으로 서쪽을 내금강, 동쪽을 외금강, 바다 쪽을 해금강이라고 하지요.

내금강은 주로 바위와 계곡, 울창한 숲과 절이 어우러졌습니다. 우아하면서도 오밀조밀한 경치가 자랑이지요. 그래서 금강산 하면 으레 내금강을 가리킵니다. 명경대·백천동·망군대·수렴동·삼불암 등의 명소와 장안사·표훈사·정양사 등의 절이 유명하며, 내금강 최고의 볼거리라면 역시 2킬로미터의 계곡이 이어지는 만폭동을 들 수 있지요. 신라 마지막 왕인 경순왕의 아들 마의태자 무덤도 있어 방문객들의 심금을 울립니다.

외금강은 내금강과 달리 웅장하고 대담한 경치가 특색입니다. 비봉폭포와 옥류동 같은 절경에 신계사와 유점사 같은 절이 유명하지만 가장 주된 경치는 높이 50미터의 구룡폭포와 온갖 모양을 한 암봉으로 이루어진 만물상이지요.

해금강은 고성 지방 동쪽에 있는 4킬로미터 가량의 해안을 말합니다. 1698년, 고성군수로 있던 남택하가 여길 찾아내어 "금강산의 얼굴빛과 같다"며 해금강이라고 이름 붙였지요. 총석정·선암·불암·칠성암 등의 경치가 유명한데 바다와 잘 어우러져 절경을 이룹니다.

보충학습

준법이란 무엇인가

    준법은 산수화에서 산·바위·땅을 표현하는 특별한 붓질입니다. '준(皴)' 자는 살갗이 갈라 터져 주름진 모양을 말합니다. 다양한 준법에 따라 그림의 입체감·명암·질감이 달라지지요. 서양화에는 준법이 없습니다. 서양화는 면과 색을 중요하게 여겼는데 이 두 가지로 다양한 표현이 가능했기 때문입니다. 그런데 동양의 그림은 선을 중요하게 여겼고 색깔은 거의 사용하지 않았습니다. 자칫 단순해지기 쉬운 그림에 독특한 개성을 불어넣으려다 보니 다양한 준법이 필요했

정선,
「우화등선」 부분,
『연강임술첩』에 수록,
비단에 수묵담채,
전체 33.5×74.4cm,
1742, 개인 소장

(왼쪽)
김홍도,
「기로세련계도」,
비단에 수묵담채,
137.0×53.3cm,
개인 소장

(오른쪽)
이인문,
「하경산수도」,
종이에 수묵담채,
98.0×54.0cm,
1816,
국립중앙박물관

던 것입니다.

 준법은 산수화의 본고장인 중국에서 시작되었는데 그 종류만도 수십 가지입니다. 화가들은 자기들이 살던 지역의 자연을 다양한 준법으로 표현했습니다. 험한 산과 절벽이 많은 지역에서는 부벽준법, 땅이 기름지고 낮은 언덕이 많은 곳에서는 피마준법이 생겨났지요. 중국 청나라의 왕개라는 사람은 『개자원화전』이라는 유명한 미술교본을 지었는데 여기서 준법의 종류와 예를 자세히 설명했습니다.

'피마준'은 삼이라는 식물의 껍질을 벗겨서 올을 풀어낸 듯한 거친 모습을 표현한 것입니다. 정선의 「우화등선」에 보이는 산은 피마준으로 그린 것입니다. '하엽준'은 연잎 줄기가 퍼져 내린 듯한 모양입니다. 하엽준의 모습은 김홍도의 「기로세련계도」의 뒤에 위치한 산에 드러나 있습니다. '미점준'은 쌀알처럼 조그만 점을 수없이 찍은 모양이고, '부벽준'은 커다란 도끼로 찍어낸 듯한 자국이 남는 준법입니다. 우리나라 화가들도 이 책을 교본으로 삼아 이런 준법을 익혔습니다. 이인문의 「하경산수도」에 부벽준을 사용한 것을 볼 수 있습니다.

그런데 중국의 지형에 맞게 그린 준법은 우리나라에 맞지 않았습니다. 우리나라의 지형을 제대로 살리려면 새로운 준법이 필요했지요. 정선은 진경산수화를 그리면서 수직준, 쇄찰준 같은 새로운 준법을 만들어 아름다운 우리 땅을 멋지게 표현해냈습니다. '수직준'은 바위를 표현할 때 위에서 아래로 쭉쭉 그어 내린 준법이고, '쇄찰준'은 붓을 눕혀서 빗자루로 쓸어내리듯 몇 번이고 겹쳐 칠하는 준법입니다. 「금강전도」에 나타난 수직준과 「인왕제색도」에 나타난 쇄찰준은 우리나라의 지형을 더없이 실감나게 묘사한 준법이었습니다.

정선,
「금강전도」 부분,
종이에 수묵담채,
130.0×94.0cm,
1734,
삼성미술관 리움

둘째 날
아름다운 서울에서 살렵니다

첫 번째 여행

맑은 바람이 솔솔 부는 골짜기

「청풍계」

덥지요? 우리 옛 그림 학교에는 에어컨도 없는데……. 부채를 살랑살랑 흔들어 보세요. 그래도 덥다고요? 아참, 좋은 방법이 있었네요. 옛 그림 학교답게 그림을 보는 거지요. 이번에는 바람이 솔솔 지나다니는 시원한 그림을 소개할까 합니다. 바로 「청풍계」라는 그림인데요. '맑은 바람이 부는 골짜기'란 뜻이지요. 어때요, 정말 시원한 바람이 부는 것 같지 않나요?

정선, 「청풍계」,
비단에 채색,
133.0×59.0cm, 1739,
간송미술관

 무엇을 볼까요?

선비는 지금 어디를 가는 중일까

금강산 유람은 재미있었나요? 너무 많은 곳을 둘러보아서 정신이 없다고요? 하하하, 좋은 구경하려면 그 정도 고생은 해야지요. 어쩐다, 첫날 너무 멀리 다녀왔으니 오늘도 그럴 수는 없고……. 가까운 곳을 둘러봐야겠네요. 정선이 살던 한양 말입니다. 바로 지금의 서울입니다. 인왕산, 북악산, 남산이 포근하게 둘러싸고 서울의 젖줄인 한강이 유유히 흐르는 땅, 구석구석 돌아보면 의외로 볼 만한 곳이 정말 많답니다.

정선은 한양 중에서도 인왕산 근처에 살았습니다. 지금으로 치면 대통령이 살고 있는 청와대 옆쪽이지요. 정선은 자신의 집 주위에 경치 좋은 곳이 있으면 그림으로 남겨두었습니다. 자연을 사랑하는 화가의 본능인가 봅니다. 정선이 살던 집은 다음 기회에 구경하고 우선 시원한 바람이 솔솔 부는 곳부터 먼저 가보겠습니다. 바로 앞에서 보았던 그림「청풍계」입니다.

어, 우리보다 먼저 도착한 사람이 있나 보군요. 맨 아래쪽 보세요. 문 사이로 복건을 쓴 선비 한 명이 들어서고 있네요. 버드나무 아래에는 그가 타고 온 나귀가 보입니다. 귀가 정말 엄청나게 길

선비는 나귀를 매어두고 어디로 가고 있을까요?

군요. 지금 선비는 어디로 가는 중일까요? 뒤를 살짝 밟아보겠습니다.

문을 들어서자마자 오른쪽에 커다란 전나무 한 그루가 떡 버티고 섰습니다. 이 집의 명물이지요. 수령이 수백 살이나 되었다는데 말라 비틀어진 나뭇가지 하나 없이 빼어난 자태를 자랑하고 있습니다. 나무 그늘 아래 앉기만 해도 시원하겠지요. 그 위로 조금만 올라가면 오른쪽에 기와지붕이 살짝 보입니다. '청풍지각'이라는 누각이지요. 글씨는 천하명필 한석봉이 썼다는군요. 누각에 올라서서 바라보는 경치가 일품이었다고 합니다.

조금만 더 올라가볼까요. 왼쪽에 나무 사이로 초가지붕이 보입니다. 이 정자는 '태고정'이라고 합니다. 두 칸이 조금 못 되는 아담한 크기지요. 정자 밑으로 개울이 흘러 정말 시원한 곳입니다. 눈을 조금만 위로 들어보세요. 돌로 축대를 쌓은 기와집이 또 보이지요. 늠연당입니다. 이곳에 처음 집을 지은 김상용의 영정을 모신 사당입니다. 가장 중요한 곳이라고 할 수 있지요. 그림에서도 정확히 한가운데 자리 잡았습니다.

> **복건**
> 조선시대에 진사복 또는 유복에 갖추어서 쓰는 남자들의 모자입니다. 검은색 헝겊으로 위는 둥글고 삐죽하게 만들며, 뒤에 낮은 자락이 길게 늘어지고 양 옆에 끈이 있어서 뒤로 돌려 매지요. 지금은 아이들 돌잔치에 장식용으로 많이 씁니다.

이곳에 집을 지은 김상용의 영정을 모신 사당 늠연당입니다.

> **김상용(1561~1637)**
> 조선 중기의 문신입니다. 호는 선원이며 이조판서를 지냈지요. 글씨를 매우 잘 썼으며 병자호란 때 왕족들을 호위하여 강화도에 피난했다가, 이듬해 강화성이 함락되자 화약에 불을 질러 자결했습니다. 지은 시조로 「오륜가」와 「훈계자손가」 등이 있습니다.

바위는 왜 검은색일까

자, 이쯤에서 짚고 넘어가야겠습니다. 도대체 여긴 어디일까요? 시원한 골짜기라고 했는데 건물만 늘어서 있으니까요. 하하하, 사실 이곳은 별장입니다. 별장은 원래 산 좋고 물 좋은 곳에 자리 잡잖아요. 여기가 바로 그곳입니다. 청풍계(淸風溪), 즉 맑은 바람이 부는 골짜기이지요. 여기에 정선의 스승이던 김창협, 창흡 형제가 살았습니다. 그들의 조상인 김상용이 이곳에 별장을 꾸며놓았거든요. 그래서 청풍계라고 하면 골짜기는 물론 이 별장을 함께 가리키는 말이 되었습니다.

다시 그림을 볼까요. 늠연당 바로 뒤에 검은 바위가 보이지요? 잘 모르겠다고요? 아, 왜 빗자루로 마당을 쓸어놓은 듯 붓 자국이 선명한 곳 말이에요. 위에는 소나무 다섯 그루가 서 있잖아요. 여기가 바로 청풍대입니다. 골짜기는 청풍계, 누각은 청풍지각, 바위는 청풍대, 사방에 맑은 바람뿐이로군요. 그래서 정선의 절친한 친구였던 이병연은 "성 안에는 먼지 티끌이 1만 섬이지만 이곳에는 단 한 점도 따라오지 못한다"라고 시를 읊었습니다.

그런데 왜 바위가 저렇게 거무튀튀하냐고요? 금강산에서는 하얗게

마치 빗자루로
마당을 쓸어놓은 듯
선명한 붓자국이
남아 있습니다.

그렸는데……. 여기도 흰색이어야 더 시원해 보일 텐데 말이지요. 하하하, 이게 바로 정선 특유의 두 번째 바위 표현법입니다. 금강산의 바위는 수직준을 써서 뾰족하고도 하얗게 그렸지만 한양의 바위는 저렇듯 검게 색칠했습니다. 금강산 바위는 선을 강조했고 여기서는 면을 강조했지요. 완전히 반대입니다. 먹물을 잔뜩 찍은 붓을 눕힌 다음 몇 번씩 쓸어내렸거든요. 이렇게 그림을 그리는 방법을 쇄찰준이라고 합니다. 앞에서도 잠깐 소개한 쇄찰준의 진면목은 자유토론 때 소개할 「인왕제색도」에서 다시 보게 될 겁니다.

> **이병연(1671~1751)**
>
> 조선 후기의 시인입니다. 호는 사천이며 정선과 절친했지요. 영조 시대 최고의 시인으로 평생 1만 3,000여 수의 시를 남겼습니다. 매화를 주제로 삼은 시가 많으며 대부분 인생에 대한 깊은 애정이 남긴 내용이지요. 시집으로 『사천시초』가 있습니다.

청풍대 뒤에는 여백이 있고 청풍대와 같은 방법으로 칠한 바위가 그림 맨 위쪽에 보입니다. 바로 인왕산의 바위들이지요. 실제로는 좀 더 멀리 떨어져 있습니다. 여백을 둔 까닭은 이 바위들이 멀리 있다는 걸 나타내기 위해서입니다. 옛 그림에서 먼 산과 가까운 산은 저렇게 안개나 구름을 뜻하는 여백으로 구별했거든요.

쇄찰준법으로 검게 칠한 바위입니다.

그림을 본 느낌이 어떻습니까? 나도 저런 곳에서 살고 싶다? 물론 그렇겠지요. 시원한 바람이 솔솔 부는 느낌이 들지 않습니까? 사실 나뭇잎이 하나도 흔들리지 않아서 바람의 흔적이라고는 조금도 없습니다. 그런데 붓질 좀 보세요. 전나무라든가 소나무,

바위가 속도감 있게 그려져 있습니다. 그런 속도감과 함께 더위를 비로 쓸어낸 듯한 붓질 때문에 바람이라도 부는 듯 시원해 보입니다.

다른 「청풍계」는 어떤 모습일까

작지만 빠트리지 않고 연못의 모습도 잘 담아 냈습니다.

김시보(1658~1734)

조선 후기의 문신입니다. 호는 모주이며 많은 논밭을 지닌 부자였지요. 김창협의 문인으로 진경시(眞景詩, 우리나라의 아름다움에 대해 쓴 시)에 뛰어났고 풍류를 좋아해 북악산 근처에 대저택을 짓고 살았습니다. 문집으로 『모주집』이 있습니다.

참, 하나 빠진 게 있습니다. 여긴 별장이어서 정원을 잘 꾸며 놓았는데 특히 연못을 세 곳이나 파두었습니다. 늠연당 앞에 네모 모양의 첫 번째 연못이 조심지, 청풍지각 왼쪽이 두 번째 연못 함벽지, 맨 마지막 연못인 척금지는 전나무 왼편에 자리 잡았습니다. 청풍대 옆 골짜기에 흐르는 물이 보이지요? 이 물을 끌어들여 맨 위 연못이 넘치면 저절로 두 번째, 세 번째 연못으로 흘러들게 만들었지요.

정선은 청풍계의 중요한 곳은 모두 그렸습니다. 당시 집주인은 김창흡 형제의 친척인 김시보였답니다. 김시보는 정선의 금강산 첫 여행에 함께 동행할 만큼 친한 사이였지요. 그래서 「청풍계」를 그려주었겠지요.

청풍계를 그린 그림은 한 점이 아닙니다. 방금 본 그림만큼 유명한 「청풍계」가 또 있습니다. 내용은 비슷한데 크기가 좀 작지요. 역시 전나무, 청풍지각, 태고정, 늠연당, 청풍대가 그대로 보입니다. 바위도 검은색이군요. 하지만 화면 전체를 메운 초록빛이 훨씬 산뜻한 느낌을 주는군요.

아까 본 그림과 가장 큰 차이점이 뭘까요? 네, 더 멀리서 잡은 화면이라는 겁니다. 계곡 전체 모습이 확실히 드러나잖아요. 나무와 바위가 뒤섞여 바람이 지나다니는 청풍계의 특징을 잘 나타냈습니다. 여러분은 어떤 그림이 더 마음에 드세요? 선택은 자유랍니다.

정선, 「청풍계」, 비단에 수묵담채, 96.2×36.0cm, 고려대학교 박물관

정선은 왜 이렇게 「청풍계」를 많이 그렸을까

또 한 점의 「청풍계」가 있습니다. 이번에는 앞의 그림과는 달리 위아래가 싹둑 잘렸습니다. 그래도 청풍지각, 태고정, 늠연당은 빠지지 않았네요. 태고정이 가장 마음에 들었을까요? 한가운데 두고 그렸습

정선, 「청풍계」, 『장동팔경첩』에 수록, 종이에 수묵담채, 39.5×33.7cm, 간송미술관

니다. 뒤편의 바위 좀 보세요. 색깔도 막 칠하고 미점도 듬성듬성 찍었지만 느낌은 참 좋습니다. 나무도 마찬가지입니다. 특히 맨 앞에 삐쭉 솟은 전나무를 보세요. 번갈아 가며 가로로 그은 나뭇가지에 경쾌한 리듬감이 느껴집니다. 아주 숙달된 붓놀림이지요.

  정선은 왜 이렇게 많은 「청풍계」를 남겼을까요? 당시에는 자신이 살던 곳을 그림으로 남겨두는 전통이 있었습니다. 정선 역시 자신이 살던 집을 자주 그렸거든요. 앞에서도 말했듯이 청풍계는 스승 김창협, 창흡 형제가 살던 곳입니다. 정선도 자기 집 드나들 듯 자주 방문했습니다. 그만큼 훤히 알고 정든 곳이었지요. 집주인 역시 자기 집을 그림으로 남길 때 제자이자 당대 제일의 화가인 정선에게 부탁했을 것이고요. 아마 정선은 흔쾌히 붓을 들었을 겁니다. 그렇지만 붓을 들 때마다 조금씩 분위기를 바꿨습니다. 화가 체면에 사진처럼 똑같은 그림을 여러 장 남길 수는 없으니까요. 그래도 맑은 바람이 솔솔 부는 시원한 느낌은 그림마다 반드시 살렸습니다.

마구 칠한 것 같지만 바위의 느낌을 아주 잘 살리고 있습니다.

 더 알아보아요

조선시대의 엄친아, '육창(六昌)' 형제

김수항(1629~89)은 병자호란 때 청나라와 끝까지 싸울 것을 주장했던 조선 중기의 문신 김상헌의 손자입니다. 김수항에게는 김창집·창협·창흡·창업·창즙·창립 등 여섯 아들이 있었는데 이들 육형제를 '육창'이라 불렀습니다. 육창 모두 당대의 대학자로 이름을 떨쳤지요.

맏형 김창집(1648~1722)은 아버지와 똑같이 영의정 벼슬에 올랐으나 아깝게도 정치 사건에 휘말려 아버지처럼 사약을 받고 죽었습니다. **둘째 김창협**(1651~1708)은 송시열의 수제자였습니다. 과거에 장원급제한 후 대사간 등의 벼슬을 지냈으나 아버지의 참사를 본 후 벼슬을 접고 후진을 양성하며 일생을 보냈지요. 문학과 유학의 대가이며 당대의 문장가로 서예에도 뛰어났지요.

셋째 김창흡(1653~1722)은 산중에 은거하면서 학문에 정진해 형 창협과 함께 이율곡 이후 대학자로 이름을 떨쳤습니다. 풍류를 좋아해 금강산 같은 명승지를 유람하며 많은 시를 지었습니다. **넷째 김창업**(1658~1721) 역시 벼슬에 뜻이 없어 평생 전원생활을 즐겼고 특히 그림에 뛰어나 산수화와 인물화를 잘 그렸지요.

다섯째 김창즙(1662~1713)도 아버지의 죽음을 본 후 학문에만 전념하며 아버지의 문집을 간행하는 데 힘을 쏟았습니다. **막내인 김창립**(1666~83)은 일찍부터 문학에 통달하여 명성이 자자했으나 열여덟 살의 나이로 아깝게 요절하고 말았습니다. 한 집안의 형제들이 이렇듯 하나같이 똑똑한 것은 매우 드문 일입니다.

두 번째 여행

기억에서 사라진 아름다운 뱃길

「송파진」

한강은 서울의 상징입니다. 민족의 젖줄이기도 하지요. 태백산 골짜기에서 퐁퐁 솟은 한 줌의 물방울이 서울을 지날 때쯤 거대한 공룡처럼 몸을 부풀립니다. 그 사이 온갖 아름다운 경치를 만들면서 서해로 흘러나가지요. 이런 풍경을 정선이 그냥 둘 리 없겠지요. 지금의 송파구에서 강서구까지, 한양의 절경을 모조리 화폭에 담았습니다. 지금과는 전혀 다른 한강의 옛 모습은 어땠을지 궁금하지 않나요?

정선, 「송파진」, 비단에 채색, 20.3×31.5cm, 간송미술관

 무엇을 볼까요?

송파진은 지금 어떻게 변했을까

나무들이 한창 새싹을 틔우는 봄일까요, 녹음이 짙푸른 여름일까요? 버드나무는 죽죽 늘어졌고 산은 온통 싱그러운 초록으로 단장했습니다. 나머지 반은 강물 차지로군요. 푸른 강물이 배를 싣고 유유히 흘러갑니다. 아주 한적한 시골 풍경 같지요? 하하하, 놀라지 마세요. 여긴 지금의 롯데월드가 있는 자리입니다. 예전에는 송파진, 즉 송파나루로 불리던 곳이지요. 그림의 제목도 「송파진」입니다.

송파진은 한양과 경기도 광주를 잇는 중요한 나루터였습니다. 조선시대에는 전국 10대 상설시장이 세워질 만큼 붐비던 곳이지요. '임금님께 진상하던 꿀단지도 송파를 거친다'는 속담까지 생길 정도였습니다. 왜 이렇게 붐볐냐고요? 한양 4대문 안의 상권을 독점하던 시전상인들에게 밀려난 영세 상인들이 이곳에 송파장을 크게 만들었기 때문이지요. 송파장의 규모가 커지자 시전상인들이 송파장을 없애려고 했습니다. 하지만 가만히 앉아서 당할 송파상인들이 아니지요. 아주 기발한 방법을

지금의 모습과 달리 아주 한적한 모습입니다!

시전상인

국가의 허가를 받고 장사를 하던 상인들입니다. 종로 일대의 시전이라는 상점가에서 활동해서 시전상인이라고 불렸습니다. 국가는 이들에게 세금을 받는 대신 특정 상품에 대한 독점 판매권을 인정했습니다. 반면 허락을 받지 못한 상인들을 난전상인이라고 하는데 이들은 시전에서 장사를 하지 못하도록 단속을 받았습니다.

> **송파 산대놀이**
>
> 중요 무형문화재 제49호로 서울시 송파동과 가락동 일대에 전해오는 탈놀이입니다. 연극과 비슷한데 상좌춤·먹중놀이·곤장놀이·샌님·말뚝이놀이·포도부장놀이·신할애비·신할미놀이 등으로 구성되며 공연자와 관객이 함께 어울리는 신명 나는 놀이판이지요.

> **석촌호수**
>
> 석촌호수는 옛 한강의 샛강인 송파강과 신천강이 흐르던 곳이었습니다. 이 지역은 큰비가 내리면 자주 홍수 피해를 입었는데 이를 막고자 1969년 한강 개발을 하면서 샛강을 매립했지요. 매립하면서 일부는 남겨두었는데 이게 지금의 석촌호수가 되었습니다. 그 뒤 호수 가운데로 큰 도로가 지나면서 동호, 서호로 갈라졌습니다. 현재는 놀이공원이 들어서면서 시민들에게 인기 높은 장소로 자리매김하고 있습니다.

생각했습니다. 구파발·애오개·녹번·아현 등에 있던 놀이패를 끌어다가 산대놀이를 공연했거든요. 이를 보려고 사람들이 몰리는 바람에 장이 더욱 커지게 되었다지 뭡니까. 상인들의 끈질긴 생활력을 보여주는 본보기지요.

그런 송파진이 지금은 왜 사라지고 없을까요? 홍수 때문에 자주 물이 넘치자 물길을 다른 곳으로 돌리고 송파진은 흙으로 메워버렸습니다. 바로 지금 놀이공원이 서 있는 자리입니다. 그래도 나루터가 있던 흔적은 남았습니다. 놀이공원 옆 석촌호수 말입니다. 바로 이 석촌호수가 바로 송파진이 있던 흔적이랍니다.

 무엇을 볼까요?

송파진에 숨겨진 치욕의 역사는 무엇일까

자, 다시 옛날로 돌아가 그림을 볼까요. 여기서는 붐비는 송파장을 찾을 수는 없습니다. 선비 체면에 장사치들이 북적이던 장을 그릴 수는 없잖아요. 그러면 풍속화가 되고 마니까요. 맨 뒤에 보이는 산은 남한

산입니다. 산등성이를 따라 길게 늘어선 건 무엇이냐고요? 남한산성입니다. 성벽 위로 띠처럼 늘어선 건 소나무입니다. 지금도 변함없는 모습을 자랑하고 있지요.

> **남한산성**
>
> 남한산에 있는 산성으로 현재 경기도 광주, 성남, 하남 등 3개 시에 걸쳐 있습니다. 병자호란 때 인조 임금이 피난해 45일간 청나라와 싸운 곳으로 유명하지요. 성 안에는 40여 개의 연못과 80개의 샘이 있어 장기간 적과 대항할 수 있었습니다.

산을 따라 내려오면 여백이 보입니다. 이 아래부터는 먼 남한산과 구별되는 가까운 곳이라는 뜻이지요. 가운데 커다란 집이 보이지요? 이곳은 바로 군사기지입니다. 이곳의 책임자가 송파나루와 삼전도, 잠실까지 관리했지요.

남한산성? 삼전도? 많이 들어본 말이지요. 그렇습니다. 여긴 씻을 수 없는 치욕이 서린 땅이니까요. 병자호란 때 남한산성으로 피난을 떠난 인조 임금은 40여 일을 버티다가 결국 청나라에 항복합니다. 바로 삼전도에서 청나라 태종에게 세 번 절하고 아홉 번 머리를 조아리게 되지요. 생각해보세요. 마음속으로 오랑캐라고 업신여기던 청나라 황제에게 조선의 왕이 직접 무릎을 꿇고 절을 하다니……. 무릎을 꿇

● (왼쪽)
나루 뒤쪽으로
남한산과 남한산성이
보입니다.

● (오른쪽)
이 건물이
바로 조선 시대의
군사기지였습니다.

가운데
기와 건물이
청태종공덕비입니다.

은 왕이나 지켜보는 신하들 모두 치욕에 몸을 떨었겠지요.

오른쪽 산중턱에 푸른 기와지붕이 보이지요. '청태종 공덕비'입니다. 흔히 삼전도비라 불리지요. 인조가 청나라의 태종에게 항복한 굴욕적인 사실이 적혀 있습니다. 이런 역사를 되풀이하지 않기 위해서인지 이곳에 군사기지를 설치했고, 초가지붕을 한 마을에도 적을 방어하기 위해 높다란 울타리를 만들었습니다. 아름다운 풍경 뒤에 이렇듯 슬프고도 치욕스런 역사가 숨어 있습니다. 이런 역사를 아는지 모르는지 강물은 유유히 흘러갑니다.

> **청태종공덕비**
>
> 병자호란 때 승리한 청나라 태종의 요구로 세운 비입니다. 흔히 삼전도비라고 하지요. 비의 앞쪽은 한문, 뒤쪽은 만주문과 몽골문 등 3개국 문자로 새겼으며 청나라가 조선에 쳐들어와 조선이 항복한 사실이 적혔습니다. 한때는 땅에 파묻기도 했으나 치욕의 역사에서 교훈을 얻자는 뜻으로 사적 제101호로 지정되어 지금의 자리에 서 있습니다.

이 그림은 초록색을 많이 써서 화사한 느낌을 줍니다. 초여름 한강의 아름다움을 유감없이 표현했지요. 이렇듯 초록색을 많이 쓴 그림을 청록산수화라고 합니다. 아까 보던 금강산의 뾰족한 봉우리나 인왕산의 시커먼 바위와는 달리 은은한 맛을 풍기지요. 강렬한 느낌은 없지만 오랫동안 두고 보고 싶은 마음이 듭니다. 산수화는 서양의 그림으로 치면 풍경화와 비슷하지요. 그래도 이제껏 보았던 진경산수화는 풍경화라는 느낌이 들지 않았는데 이건 확실히 풍경화처럼 보입니다.

 무엇을 볼까요?

옛날 압구정동은 어떤 모습일까

 이번에는 「압구정」이란 그림입니다. 압구정? 맞습니다. 지금의 서울시 강남구 압구정동을 말하지요. 지금 압구정동은 아파트로 꽉 찬 동네인데 옛날에는 저렇게 한적한 곳이었군요. 압구정은 원래 정자 이름입니다. 수양대군이 임금이 되는데 큰 공을 세운 한명회가 이 정자의 주

정선, 「압구정」, 『경교명승첩』에 수록, 비단에 채색, 20.0×31.0cm, 간송미술관

수양대군과 한명회

수양대군(1417~68)은 세종대왕의 둘째아들이자 조선의 제7대 왕 세조입니다. 세종대왕의 손자이자 자신의 조카인 단종이 어린 나이에 즉위하자 왕권이 약해진다는 명분을 내세워 1453년 한명회, 권람 등과 손을 잡고 김종서, 황보인 및 강력한 경쟁자였던 자신의 동생인 안평대군을 죽이고 계유정난을 일으켰지요.
한명회(1415~87)의 호는 압구정입니다. 일찍이 부모를 여의고 불우한 어린 시절을 보내다가 1452년 친구 권람의 추천으로 경덕궁지기가 되었습니다. 생김새가 볼품없어 모두들 무시했는데 수양대군이 사람됨을 알아보고 참모로 삼았지요. 1년 뒤 계유정난 때 뛰어난 지략으로 큰 공을 세워 벼슬이 영의정에 이르렀습니다.

인이었습니다. 가운데 높은 언덕 위에 서 있는 정자가 바로 압구정입니다. 그 아래로 강을 따라 기와집과 초가집이 보이는군요. 군데군데 보이는 커다란 나무들이 인상적입니다. 역시 떠다니는 배가 운치를 더합니다.

오른쪽에 짙은 봉우리는 남산입니다. 꼭대기에 소나무 한 그루가 우뚝 서 있네요. 애국가 2절의 '남산 위에 저 소나무'라는 가사가 떠오르지 않나요. 그만큼 남산의 소나무가 유명했다는 뜻이겠지요. 무엇보다 인상적인 장면은 뒤로 병풍처럼 길게 늘어선 봉우리들입니다. 보일 듯 말 듯 흐릿하게 그려 먼 산을 어쩜 저렇게 실감나게 표현했는지 지금 보아도 감탄할 정도입니다. 초록색을 진하게 때로는 연하게 써가며 마음껏 솜씨 자랑을 했습니다.

「압구정」이나 「송파진」 모두 한강의 이름난 풍경입니다. 어떻게 정선이 이런 그림을 그리게 되었을까요? 정선의 절친 중에 이병연이라는 사람이 있습니다. 당시 그림의 최고 명수가 정선이라면, 시는 바로 이병연이었습니다. 정선이 많은 그림을 남겼듯 이병연도 1만 3,000수가 넘는 시를 남겼지요. 나이는 이병연이 다섯 살 위였지만

멀리서는
잘 보이지 않았을
소나무까지 표현해서
남산임을
강조했습니다.

나이에 개의치 않고 우정을 나누었습니다.

　정선은 예순여섯 살 되던 해 양천현령이라는 벼슬을 받게 됩니다. 양천은 지금 서울 강서구 가양동입니다. 지금이야 지하철이나 버스를 타면 서울 어디서도 한 시간 안에 갈 수 있는 곳이지만 옛날에는 제법 먼 거리였습니다. 마음을 먹어야 다녀올 수 있는 곳이었지요. 정선과의 이별을 아쉬워한 이병연이 제안을 합니다. 자신이 시를 써 보내면 정선은 거기에 그림을 그려 답하는 것이었지요. 요즘 여러분이 문자나 이메일을 주고받는 것처럼 말입니다. 정말 멋있지 않습니까?

　이번에는 「시화상간도」란 그림을 볼까요. '시화상간(詩畵相看)'이란 시와 그림을 서로 본다는 뜻인데, 제목 그대로 나무 아래 두 사람이 앉아 시를 쓰고 그림을 그리는 중입니다. 바로 정선과 이병연이지요. 그림 속에 '내 시와 자네 그림을 서로 바꿔볼 때 누가 잘했는지 따져서 무엇하랴'라는 시가 적혀 있습니다. 두 사람은 그림과 시를 함께 보면서 우정을 나누었지요.

　이렇게 만든 시화첩이 바로 『경교명승첩』입니다. 한양 부근의 빼어난 경치를 그린 화첩이란 뜻이지요. 여기에는 「시화상간도」와 「송파진」「압구정」을 포함해 모두 33점의 그림이 들어 있습니다. 대부분 한양의 명승지들이지요. 다음에 감상할 「종해청조」는 이병연이 쓴 시와 정선의 그림을 함께 볼 수 있는 작품입니다.

정선,「시화상간도」,『경교명승첩』에 수록, 비단에 수묵담채, 29.0×26.4cm, 간송미술관

 무엇을 볼까요?

정선이 근무하던 관아의 모습은 어땠을까

이번에는 강 하류로 내려갑니다. 정선이 근무하던 양천이지요. 당시 양천관아는 어떤 모습이었을까요? 물론 지금은 없어졌지만 정선이 그림으로 남겨둔 덕분에 당시의 모습을 짐작할 수 있습니다. 바로 「양천관아」라는 작품이지요.

굵은 선으로 또박또박 그려 아주 단아해 보입니다. 가운데 건물이 동헌인 종해헌이지요. 중요한 업무는 모두 이곳에서 이루어졌습니다. 오른쪽 끝에 '입 구(口)' 자 모양의 건물은 잠자고 생활하는 관사입니다. 그런데 해 저문 뒤의 모습일까요? 사람은 한 명도 보이질 않는군요. 정말로 어둠이 내렸는지 뒤쪽 바탕을 옅은 먹으로 칠했습니다.

이 그림은 새해가 되어도 집으로 돌아오지 못하는 정선을 위로

정선, 「양천현아」, 『경교명승첩』에 수록, 비단에 채색, 29.1×26.7cm, 1740~41, 간송미술관

하고자 이병연이 보낸 시에 정선이 답으로 그린 것이라고 합니다. 시를 보낸 건 겨울인데 그림 속 큰 나무는 잎이 무성합니다. 오른쪽 위에 이병연이 보냈던 시의 일부가 적혔습니다. "멀리 양천에 있다고 섭섭하게 생각지 말게. 양천에는 흥이 넘치잖는가"라는 뜻이지요. 이곳 양천관아에서도 정선은 많은 그림을 그렸습니다. 잘 찾아보면 종이를 펴놓고 붓을 놀리는 정선의 모습이 보일 것도 같은데…….

 무엇을 볼까요?

바닷물과 강물이 부딪히면 어떤 소리가 날까

이곳 양천에는 명물이 있습니다. 바로 바닷물 소리입니다. 어, 한강에 웬 바닷물 소리냐고요? 하하하, 모든 물은 바다로 통한다는 사실, 깜빡 잊었나보네요. 양천관아 앞은 한강 하류로 바다와 가까운 곳이었습니다. 서해가 만조가 되면 밀물이 강을 거슬러 올라오기 시작합니다. 내려가려는 강물과 올라오는 바닷물이 서로 부딪히면서 싸움을 하게 되지요. 그러면 숲 속에서 부는 바람 소리가 난답니다. 그 소리를 종해헌에서 들을 수 있었다지요. 무척 신기한 소리였던지 정선은 「종해청조」

> **만조와 간조**
> 달과 지구가 회전 운동을 할 때 생기는 현상으로 만조는 바닷물의 수위가 하루 중에서 가장 높아졌을 때, 간조는 가장 낮아졌을 때를 가리킵니다. 보통 하루에 2회 있으나 해역에 따라서는 1회밖에 일어나지 않는 경우도 있지요.

라는 그림으로 이를 남겼습니다. '종해헌에서 바닷물 소리를 듣는다'
는 뜻이지요.

그림을 잠깐 볼까요. 멀리 산이 보이고 강에는 배가 떠 있습니다. 오른쪽이 강 상류입니다. 그러니까 지금 왼쪽에서 바닷물이 올라오는 중입니다. 바다에서 물건을 싣고 한양으로 올라오는 배는 이 밀물을 타면 아주 쉽겠지요. 아래쪽에 살짝 보이는 건물이 바로 양천관아입니다. 오른쪽 큰 건물이 종해헌이지요. 그 안에 한 선비가 서서 강물을 바라보고 있습니다. 어쩌면 바닷물이 밀고 올라오는 소리를 듣고 있을지도 모르겠습니다.

정선, 「종해청조」, 『경교명승첩』에 수록, 비단에 채색, 23.0×29.2cm, 간송미술관

아마 그는
바닷물이 밀고 올라오는
소리를 듣고 있는지도
모르겠습니다.

정말 크고 넓은 바다 같구나
앉아서 듣는 바닷물의 노래가 감명 깊도다
바다로 가는 길 막히니 천지에 성난 기운이 가득하다

왼쪽에 적힌 글이 이병연이 보낸 시의 내용입니다. 과연 으르렁거리는 물소리가 들리는 듯합니다. 그림으로만 보면 단순한 풍경인데 시 덕분에 그림이 쏙쏙 눈에 들어오는군요. 서로 주고받은 시와 그림의 가치를 새삼 느껴봅니다. 지금 아파트·다리·도로로 꽉 찬 한강이 옛날에는 이렇게 고즈넉했다는 사실도 알 수 있습니다. 이제는 모두 기억의 저편으로 사라진 아련한 풍경들, 정선 덕분에 되새겨볼 수 있다니 퍽 다행입니다.

 더 알아보아요

'삼궤구고두'의 치욕 병자호란

병자호란은 1636년 12월부터 1637년 1월 사이에 조선과 청나라 사이에 벌어진 전쟁입니다. 병자년(1636)에 청나라(호)가 일으킨 전쟁이어서 병자호란이라고 하지요.

평소 조선의 친명 정책에 불만이 많았던 청 태종 홍타이지는 1636년, 10만 대군을 이끌고 조선의 명장 임경업이 지키던 백마산성을 피해 불과 10일 만에 한양에 도착했습니다. 인조 임금은 강화도로 피난하려 했으나 이미 늦어 할 수 없이 가까운 남한산성에 진을 치고 40여 일 동안 대항했지요. 하지만 식량 부족과 추위로 인해 더 이상 버티지 못하고 1637년 1월 30일 성문을 열고 왕세자와 함께 삼전도(송파)에서 청 태종에게 삼궤구고두(三跪九叩頭, 세 번 무릎 꿇고 아홉 번 절하는 것)의 예를 갖추며 항복했습니다. 이를 '삼전도의 굴욕'이라고 하는데 조선이 당한 최고의 치욕 중 하나로 기록되지요.

병자호란 후 조선은 신하의 나라로서 청을 섬기게 되었고, 소현세자와 봉림대군 두 왕자 부부가 인질로 끌려갔습니다. 계속 싸우기를 주장했던 홍익한·윤집·오달제 등 3학사는 참형을 당했으며, 조선은 청에 많은 배상금을 물어주어야 했습니다. 이후 조선의 지식인들 사이에는 청나라를 정벌하자는 북벌론이 퍼지게 됩니다.

즐거운 휴게소

백 살까지 오래오래 사세요
「노백도」

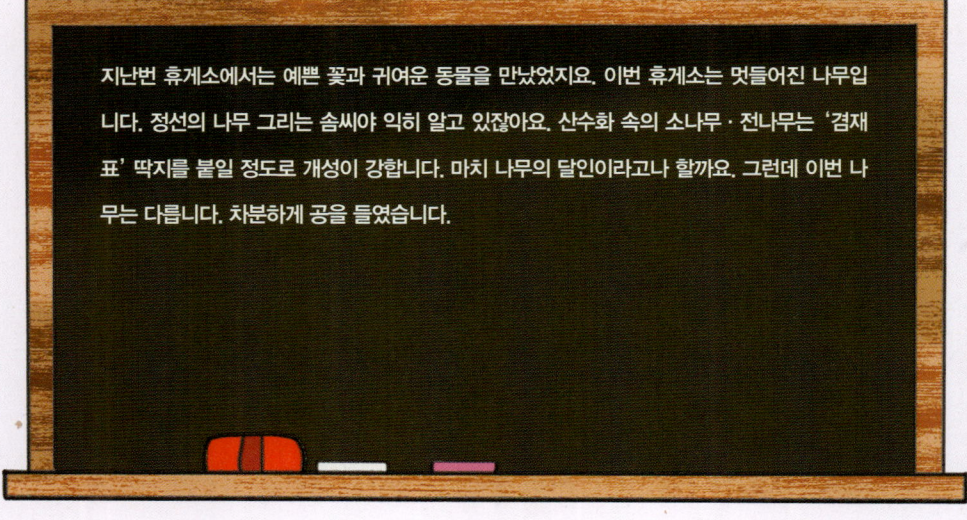

지난번 휴게소에서는 예쁜 꽃과 귀여운 동물을 만났었지요. 이번 휴게소는 멋들어진 나무입니다. 정선의 나무 그리는 솜씨야 익히 알고 있잖아요. 산수화 속의 소나무·전나무는 '겸재표' 딱지를 붙일 정도로 개성이 강합니다. 마치 나무의 달인이라고나 할까요. 그런데 이번 나무는 다릅니다. 차분하게 공을 들였습니다.

정선, 「노백도」, 종이에 수묵담채, 131.6×55.6cm, 삼성미술관 리움

무엇을 볼까요?

나무줄기가 왜 저토록 뒤틀렸을까

나무줄기가 심하게 뒤틀렸습니다. 꿈틀대는 벌레 같기도, 땅을 가르는 물길 같기도 합니다. 윤곽선을 진하게 그려놓고, 그 안에는 가는 붓질로 채우다가 가운데는 하얗게 비워두었습니다. 진하게 칠한 가장자리는 단단한 껍질 같습니다. 마치 실제 나무를 보는 것처럼 실감 납니다.

잎이 그려진 방식도 특이합니다. 정확히 상·중·하로 나뉘었네요. 아랫부분은 넓고 위로 갈수록 좁아져서 안정감이 있습니다. 옅은 물감으로 바탕을 칠한 후 점을 하나하나 찍어 수많은 잎을 표현했습니다. 마치 미점(가로로 찍은 작은 점)을 빽빽하게 찍은 것 같군요. 잎을 매단 가는 가지 또한 특이한 모양입니다. 마치 넝쿨이 뻗어 나가는 모양새잖아요. 무슨 나무냐고요?

바로 향나무입니다. 측백나무라고 보는 사람도 있지만 향나무가 정답이지요. 실제로 향나무 줄기는 저렇게 뒤틀리며 자랍니다. 잎도 그렇습니다. 정원의 향나무는 전지(가지치기)를 해서 저렇게 독특한 모양을 만들잖아요. 이 그림에서도 잎을 세 층으로 만들었군요. 왜 이렇게

줄기는 넝쿨처럼
뻗어 있고
빽빽한 점으로 잎을
표현했습니다.

그렸냐고요?

바로 어떤 글자를 나타내기 위해서입니다. 그림을 잘 보면 한자로 '목숨 수(壽)' 자가 됩니다. '수' 자를 초서체로 쓰면 저런 모양이 나오거든요. 세 군데로 나뉜 잎 부분은 가로획, 그리고 굽은 줄기는 세로획이 되는 것이지요. 이 그림의 제목은 「노백도」입니다. 오래된 향나무라는 뜻이지요. 여기서 향나무를 뜻하는 백(栢) 자는 일백 백(百)으로도 통합니다. 그러면 '백'과 '수'가 합쳐져서 백수도(百壽圖)라고도 불립니다. 할 일 없이 논다는 '백수'가 아니라 백 살까지 산다는 뜻이지요. 결국 이 그림에도 백 살까지 장수하라는 기원이 담겼군요.

> **초서체**
> 한자 글자체의 하나로 글자 모양을 간략하게 하고 빠른 속도로 날려 쓰지요.

 무엇을 볼까요?

소나무와 영지버섯은 무슨 뜻을 담고 있을까

비슷한 나무 한 그루 더 볼까요? 이번엔 소나무입니다. 역시 아주 오래되었군요. 밑동이 굵고 나무 아랫부분에는 구멍까지 뚫렸습니다. 줄기도 앞의 그림과 같이 가운데는 비워두고 가는 붓으로 그렸군요. 향나무와 달리 길게 선을 긋지 않고 둥근 모양을 그려 소나무 껍질을 표현했습니다. 잎은 바늘처럼 가늘고 뾰족하게 하나하나 세심하게

정선, 「노송영지」, 종이에 수묵담채, 147.0×103.0cm, 개인 소장

그랬군요. 점을 찍어 표현한 향나무와는 조금 차이가 있습니다.

소나무 아래 보이는 분홍빛 나는 식물은 무엇이냐고요? 영지버섯입니다. 불로초(먹으면 늙지 않는다는 전설의 풀)라고까지 불리는 영험한 식물이지요. 그래서 제목도 「노송영지」입니다. 소나무와 영지버섯은 오래 사는 열 가지를 뜻하는 십장생에 들어갑니다. 소나무는 500년은 너끈히 살지요. 미국 캘리포니아의 모하비 사막에 사는 브리스틀콘(Bristlecone) 소나무는 나이가 5,000살이나 되거든요. 그러니 「노송영지」도 「노백도」처럼 장수를 기원하는 그림이 되지요.

> **십장생(十長生)**
>
> 민간신앙이나 도교에서 불로장생을 상징하는 10가지 사물을 가리킵니다. 거북·사슴·학·소나무·대나무·불로초·산·내·해·달을 꼽기도 하고, 해·돌·물·구름·소나무·대나무·거북·학·산·불로초를 꼽기도 하지요. 조선시대에는 이를 그림으로 그려 문 위나 벽에 붙여놓아 장수를 기원하였습니다.

소나무는 새해를 뜻하기도 합니다. 영지버섯에는 '여의(如意)', 즉 '생각대로 되다'라는 뜻도 들어 있습니다. 그럼 「노백도」는 '새해를 맞아 모든 일이 생각대로 잘되길 바란다'는 새해 인사용 그림이 되겠네요.

그림 오른쪽에 작은 글씨가 적혀 있습니다. '을해추일 겸재팔십세작(乙亥秋日 謙齋八十歲作)', 즉 '을해년(1755) 가을 정선이 여든 살 때 그렸다'는 뜻입니다. 이 그림은 어린이 여러분 키만큼 큽니다. 거의 150센티미터나 되니까요. 그림을 펼치면 진짜 소나무 한 그루가 서 있는 느낌이 들겠지요.

정선이 여든 살 때 그린 그림이라고 작게 적혀 있습니다.

 무엇을 볼까요?

이상한 소나무는 왜 그렸을까

이왕 본 김에 소나무 그림 하나만 더 볼게요. 「사직송」이라는 그림입니다. '사직단에 있는 소나무'라는 뜻이지요. 그런데 이 나무, 모양이 무척 특이합니다. 몸을 꼬아가며 땅을 기고 있잖아요. 땅을 기어가듯 펴져가니까 가지가 땅에 닿지 않도록 받침대를 12개나 세웠습니다. 마치 사진처럼 정밀하게 묘사했군요. 진짜 살아 있던 소나무여서 그럴 수 있었습니다. 역시 아주 오래된 나무겠지요.

정선, 「사직송」, 종이에 채색, 70.0×140.0cm, 고려대학교 박물관

가지와 잎이 오른쪽으로 몰려 무게중심이 쏠렸습니다. 그렇지만 왼쪽의 부러진 가지 위로 새싹이 하나 돋았네요. 무게중심은 오른쪽이지만 왼쪽으로 은근히 눈길이 갑니다. 비록 늙었지만 끝까지 생명의 싹을 틔우려는 끈기 있는 나무로군요.

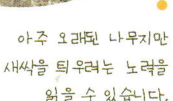

아주 오래된 나무지만 새싹을 틔우려는 노력을 읽을 수 있습니다.

사직단은 땅과 곡식의 신에게 제사를 지내는 곳입니다. 조선 역대 왕들의 신주를 모신 종묘와 함께 가장 중요한 곳이기도 했지요. 텔레비전 사극을 보다 보면 "전하! 종묘사직을 지키시옵소서"라는 말을 자주 들을 수 있습니다. 사직은 종묘와 더불어 곧 조선이라는 국가를 의미했습니다. 그러니 이 소나무도 조선의 흥망성쇠를 같이하는 상징적인 나무이지요.

이 그림은 이인좌의 난이 진압된 후 그려졌다고 합니다. 영조 임금은 특히 정선을 아꼈는데 큰 변란을 겪어 상심에 빠진 임금을 본 정선의 마음은 얼마나 착잡했을까요? 아마도 "조선이여 영원하라!"는 염원을 담아 온 정성을 쏟아 그림을 그렸을 것입니다. 그럼 이번 소나무는 한 개인이 아니라 한 나라의 장수를 비는 그림이 되겠지요.

실제로 이 소나무는 일제강점기 초기까지 살아 있었는데 조선이 망한 후 얼마 되지 않

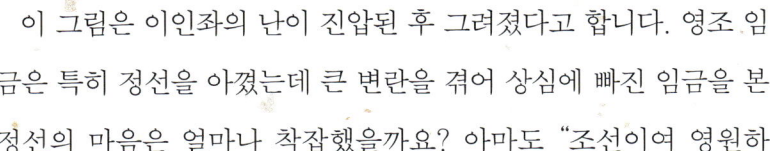

이인좌의 난

1728년(영조 4년) 소론 강경파와 남인 일부가 경종의 죽음에 영조와 노론이 관계되었다고 주장하면서 일으킨 반란입니다. 이인좌는 대원수가 되어 소현세자(인조 임금의 장자)의 고손인 밀풍군 탄을 추대한 후, 청주성을 점령하고 진천, 죽산, 안성 지방까지 장악했으나 병조판서 오명항이 이끄는 관군에 패하여 실패로 끝났습니다.

아 시들고 말았답니다. 결국 조선과 운명을 같이한 셈이 되었습니다. 정선은 그림의 왼쪽 위에 '사직송'이라 쓰고 '원백(元伯)'이라는 글씨도 썼습니다. 원백은 정선의 자입니다. 보통 그의 호인 겸재를 쓰는데 여기에는 자를 썼군요.

자신의 마음을 담아 조선의 영원함을 그림에 기록했습니다.

더 알아보아요
나라의 중심, 종묘사직

종묘는 조선 왕조 역대 왕과 왕비들의 신주를 모시고 제사를 지내는 사당이며, 사직은 나라와 백성의 복을 위해 제사 지내는 토지의 신 '사(社)'와 곡식의 신 '직(稷)'을 뜻합니다. 유교 국가에서 종묘사직은 나라 그 자체를 뜻하기에 임금이 나라를 열면 먼저 종묘와 사직부터 세웠지요. 조선은 중국의 예를 따라 종묘는 북악산과 경복궁을 기준으로 왼쪽인 지금의 훈정동에, 사직은 오른쪽인 지금의 사직동에 설치했습니다.

종묘는 조선 태조 때(1394) 처음 지었고 임진왜란 때 모두 불탄 후 광해군 때(1608) 다시 지었지요. 종묘 건물은 정전과 영녕전으로 나뉘며 정전에는 정식으로 왕위에 오른 선왕과 그 왕비의 신주를 모시고, 영녕전에는 추존된 선왕의 부모나 복위된 왕들을 모셨습니다. 종묘 건물과 제사를 지낼 때 연주되는 종묘제례악은 그 가치가 인정되어 유네스코 세계문화유산으로 지정되기도 했습니다.

사직단은 사단과 직단의 두 단이 마련되는데, 사단은 동쪽에 있고, 직단은 서쪽에 있습니다. 사직단은 서울뿐만 아니라 지방의 주요 도시에도 설치하여 정기적으로 제사를 올렸는데, 이를 통해 당시는 농업 중심 사회라 토지와 곡식을 매우 중요시했다는 사실을 알 수 있습니다.

세 번째 여행

언덕배기 올라보니 살구꽃 만발하네

「필운대」

아름다운 풍경을 멋지게 그리는 건 그리 힘든 일이 아닐 겁니다. 정작 힘든 건 평범한 풍경을 멋지게 그리는 일이지요. 정선은 절경인 금강산도 멋지게 그렸지만 우리가 늘 보아오던 평범한 풍경도 놓치지 않았습니다. 거장의 손을 거쳐 그림으로 탄생한 다음에야 우리는 "그곳이 이렇게 멋진 곳이구나" 하고 뒤늦게 감탄을 하지요.

정선, 「필운대」, 『장동팔경첩』에 수록, 종이에 수묵담채, 33.7×29.5cm, 간송미술관

 무엇을 불까요?
정선의 솜씨가 맞을까

여긴 어디일까요? 정선은 실제로 있는 풍경을 그렸으니 우리 땅 어디엔가는 있는 곳이겠지요. 그런데 도무지 감을 못 잡겠습니다. 별다른 특징이 없으니까요. 금강산처럼 장엄하지도 송파진처럼 아름답지도 않습니다.

붓놀림은 또 어떤가요? 술에 취해 그린 듯, 잠이 오던 참에 그린 듯 성의 없어 보입니다. 뒷산 윤곽도 먹을 쓴 듯 만 듯 그리다 말았습니다. 태점도 그렇습니다. 듬성듬성 아주 귀찮아 죽겠다는 투로 찍었잖아요. 너무 성의 없어 지루하니까 산 사이에 커다란 바위 하나를 덩그러니 얹어버렸습니다.

> **태점**
> 산수화에서 산이나 바위, 땅 또는 나무줄기 등에 자란 이끼나 잡초 등을 나타내기 위하여 찍는 작은 점을 말합니다. 주로 붓을 세워서 붓끝으로 찍는 경우가 많습니다.

산 아래 소나무 숲 좀 보세요. 바탕을 푸른 먹물로 엷게 칠하고 그 위에 솔잎을 그렸습니다. 저것 보세요. 솔잎의 뾰족뾰족한 모양새가 드러납니까? 전혀 아니지요. 아까 「사직송」과 「노송영지」에서 보았던 세밀한 솔잎은 어디로 갔나요. 나무줄기 좀 보세요. 물기를 쏙 뺀 붓으로 뿌리부터 위로 한 번에 휙 그어 올렸습니다. 그 아래는 또 뭘까요? 무언가 길쭉한 게 누웠는데 왼쪽에는 또 삐뚜름하게 서 있습니

과연 이 부분이
여러분 눈에는
바위로 보이나요?

다. 뭐냐고요? 하하하, 바위랍니다. 여러분 눈에도 바위처럼 보입니까?

바위 아래는 더 가관입니다. 먹이라도 쏟았는지 어린애가 낙서라도 했는지, 이리저리 어지럽게 사방으로 선을 막 그어댔습니다. 대체 정선의 그림이 맞을까요?

그런데, 그런데 말이지요. 이상합니다. 되는대로 막 그린 것 같은데, 먼 산은 먼 산대로 소나무는 소나무대로 바위는 바위대로 사물이 가지고 있던 속성이 그대로 드러납니다. 곁가지는 다 버리고 사물의 핵심만 취했거든요. 오히려 태점을 몇 개만 더 찍었더라면, 솔잎을 자세히 묘사했더라면 그림의 균형이 무너질 뻔했습니다. 보통을 넘어선 달인의 솜씨이지요.

참 여기가 어디냐고요?

 무엇을 볼까요?

팔경이란 무슨 뜻일까

이곳은 필운대입니다. 바로 인왕산 기슭에 있는 커다란 바위지요. 그래서 그림 제목도 「필운대」입니다. 사실 필운대 경치는 직접 가보면 그다지 특별한 게 없습니다. 그림으로 그리기에는 너무 평범한 곳이지요. 그런데 옛사람들은 이곳을 '장동팔경'에 넣고는 칭찬해 마지않았습니다.

여러분, 팔경이란 말 들어 보았나요? 관동팔경, 단양팔경……, 선생님이 사는 경기도 안양에도 안양팔경이 있습니다. 옛사람들은 좀 괜찮다 싶은 경치가 있으면 흔히 여덟 가지 뛰어난 경치라는 의미로 팔경이라 추켜세웠습니다. 장동팔경은 서울 인왕산에서 북악산 사이에 경치가 아름답기로 유명한 여덟 곳을 말합니다. 아까 보았던 청풍계도 여기에 속하지요. 정선은 이 팔경을 다 그리고는 『장동팔경첩』이란 화첩까지 만들었습니다.

> **장동팔경**
> 인왕산과 북악산에 걸친 장동 일대 여덟 곳의 경승지인 필운대·대은암·청풍계·청송당·자하동·독락정·수성동·취미대를 말합니다.

필운대는 그 자체보다는 이곳 언덕에 올라서서 한양을 바라보는 경치가 일품이었나 봅니다. 여기서 바라보면 한양 시내가 한눈에 들어왔다고 합니다. 사람들은 탁 트인 공간을 찾으면 즐거워하잖아요. 그래서 정선은 필운대 언덕에 올라서서 한양을 바라보는 장면도 그림으로 남겼습니다.

화사한 분홍색은 무슨 꽃일까

이번에는 좀 다른 그림을 볼까요.「필운상화」, '필운대에서 꽃을 구경한다'는 뜻이지요. 저것 보세요. 여러 명의 선비들이 언덕에 올라 한양 시가지를 바라보고 있습니다. 갓을 쓴 일곱 명은 이미 올라와 있고 바로 아래 또 한 선비가 지팡이를 짚고 올라옵니다. 맨 밑 소나무 아래는 이들이 타고 온 나귀가 대령해 있지요. 경치가 볼 만했으니 너

정선,「필운상화」, 종이에 수묵담채, 18.5×27.5cm, 개인 소장

도나도 찾았겠지요.

그런데 정작 볼거리는 한양 시가지가 아니라 꽃입니다. 언덕 아래로 들어선 집집마다 분홍색 꽃이 만발했습니다. 버드나무 가지도 쭉쭉 늘어져 있고요. 무슨 꽃이냐고요?

유득공은 『경도잡지』라는 책에서 "필운대의 살구꽃, 북둔의 복사꽃, 동대문 밖의 버들, 천연정의 연꽃을 찾아 많은 사람들이 모여들었다"고 기록했습니다. 그렇습니다. 필운대에서 유명한 꽃은 살구꽃입니다. 언덕 바로 아래 집집마다 분홍색 살구꽃이 흐드러지게 피었잖아요. 요즘이야 봄이 되면 여의도 벚꽃 구경을 최고로 치는데, 이때만 해도 필운대 살구꽃이 최고였지요. 그래서 많은 사람들이 몰렸고 유득공은 이곳을 '사람 바다'라고 표현했습니다. 정선도 필운대 꽃구경을 자주 했을 겁니다. 살던 집 바로 근처니까요. 그림을 좀 더 깊이 볼까요?

필운대에 오르면 한양 시가지의 꽃구경을 할 수 있었다고 합니다.

『경도잡지』

조선 후기의 실학자 유득공(1749~1807)이 지은 당시 서울의 세시 풍속지입니다. 모두 두 권으로 되었는데 1권은 의식주·꽃·그림 등 여러 가지 풍속에 대한 유래를, 2권은 설·입춘·한식·초파일·단오·중추 같은 세시 풍속을 기록했습니다. 우리나라 민속학 연구의 귀중한 자료로 남아 있습니다.

숭례문 현판을 세워놓은 까닭은

● 필운대에 오르면 저 멀리 남산까지 보였다고 합니다.

왼쪽에 가로로 긴 미점을 찍은 산이 우뚝합니다. 남산입니다. 정상에 소나무가 한 그루 보이지요? 「압구정」에서 보았던 '남산 위에 저 소나무'입니다. 오른쪽 줄기를 따라 내려오면 줄기가 끝나는 부분에 높다란 건물 한 채가 보입니다. 남대문입니다. 숭례문이라고 하지요. 그 뒤로 멀리 푸른 먹으로 칠한 뾰족뾰족한 산이 보입니다. 관악산이지요. 관악산은 불기운이 세다고 화산(火山)이라 했습니다. 정말 뾰족한 산 모습이 불이 타오르는 기세 같지 않나요?

● 당시에는 이렇게 남산과 관악산을 한 번에 볼 수 있었나 봅니다.

숭례문은 한양의 정문인데 다른 문과는 달리 현판을 세로로 세워 썼습니다. 왜냐고요? 음양오행설에 따르면 '예(禮)' 자는 불에 속하는데 관악산의 화기를 막으려면 활활 타오르는 불처럼 세워놓아야 한양을 화재로부터 보호할 수 있다고 믿었거든요. 맞불을 놓은 격입니다. 그런데 어쩌지요? 정말로 관악산의 불기운이 너무 셌는지 화재를 지켜주는 숭례문이 그만 불에 타버리고 말았잖아요. 참으로 안타까운 일입니다.

130

「필운상화」도 스케치하듯 톡톡 가볍게 그린 그림입니다. 하지만 사람이나 산이나 집이나 꽃이나 모두 사물의 속성을 그대로 보여주고 있습니다. 덩달아 멋진 꽃구경까지 덤으로 선물하는군요. 눈이 아주 호강을 하네요.

> **음양오행설**
>
> 우주와 인간 사회의 모든 현상 및 만물의 생성에서 소멸을 음양과 오행의 변천으로 설명하려는 이론입니다. 중국 전국시대에 설립된 음양설과 오행설이 한나라 때 합쳐졌으며 역법과 결합해 중국과 한국, 일본의 일상생활에 큰 영향을 끼쳤습니다.

 무엇을 볼까요?

저 다리의 이름은 무엇일까

「필운대」와 비슷한 느낌의 그림을 하나 더 볼까요. 「수성동」이라는 그림인데 색깔, 기법, 소재에서 「필운대」와 아주 비슷하지요. 수성동 역시 인왕산 기슭에 있습니다. 옛날부터 수성동은 골짜기가 깊고 물과 바위가 빼어나 여름에 놀기 좋다고 했지요. 특히 넓은 집터가 있으며 '기린교'라는 다리가 유명했습니다.

그림도 그대로입니다. 사방에 바

정선, 「수성동」, 『장동팔경첩』에 수록, 종이에 수묵담채, 33.7×29.5cm, 간송미술관

위가 그득하고 가운데 넓은 공터가 있으며 흐르는 골짜기 위로 조그만 다리가 놓였잖아요. 이 기린교는 1960년대 아파트 공사로 사라졌다가 얼마 전 다시 발견되었습니다. 정말 그림과 똑같은 모습으로 남아 있었습니다. 그림 덕분에 대번 기린교임을 알아차릴 정도였으니 진경산수화의 사실성이 얼마나 뛰어난지 짐작이 갑니다.

그림을 좀 더 찬찬히 들여다볼까요. 아까 「필운대」에서 보던 느낌 그대로이군요. 바위는 파란색을 옅게 써서 칠했습니다. 그 위에 다시 붓질을 입혀 입체감을 드러냈는데 역시 언뜻 보기에는 성의 없어 보입니다. 오른쪽 둥그런 바위 아래를 보세요. 정말 그리기 싫어서 낙서라도 하듯 이리저리 막 칠했잖아요. 그래도 바위의 속성은 잘 드러났습니다. 산전수전 다 겪은 원숙한 화가의 손끝에서만 나오는 솜씨이지요. 이렇듯 나이가 들수록 정선은 사물의 핵심을 잡아내는 솜씨가 무르익어 갑니다.

대충 그린 듯하지만 바위의 속성을 아주 잘 살려내고 있습니다.

무엇을 볼까요?

여긴 수목원이라도 되는 걸까

하나만 더 볼까요? 「대은암」이란 작품입니다. 대은암은 지금의 청와대 부근에 있던 바위를 말합니다. 어떤 바위냐고요? 그림 가운데 있

정선, 「대은암」, 『장동팔경첩』에 수록, 종이에 수묵담채, 33.7×29.5cm, 간송미술관

마구 그린 것
같은 바위가
바로 대은암입니다.

두 줄의 선과
점만으로도 소나무인지
알아볼 수 있습니다.

는 초가집 뒤 산 중턱에 보이네요. 어, 저게 바위냐고요? 아 참, 정말 막 그렸네요. 바위 같지도 않습니다. 그냥 장난치듯 네모 비슷하게 그렸는데 바위가 되어버렸습니다.

이 그림의 하이라이트는 나무입니다. 초가집을 둘러싸고 소나무, 전나무, 버드나무, 느티나무 등등 온갖 나무들이 마치 수목원이라도 되는 듯 서 있습니다. 세세한 붓질도 아닌, 막 그린 것 같은데 소나무가 되고 전나무가 되고 버드나무가 되었습니다. 각 나무가 가진 특징을 한 치의 모자람도 없이 잘 뽑아냈습니다.

오른쪽에 길게 뻗은 소나무 두 그루 좀 보세요. 압권은 줄기입니다. 그냥 윤곽선만 굵게 그어 소나무로 만들었습니다. 속에는 아무것도 칠하지 않고 비워두었군요. 그래도 이파리가 살아 있어 여지없이 소나무 모습이 되었습니다.

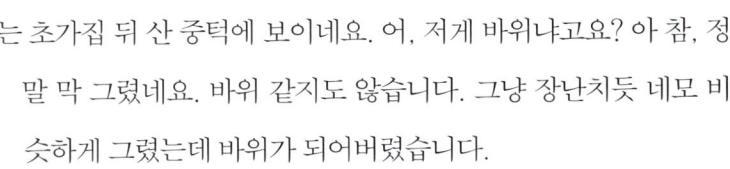

위에서 아래로
뾰족하게 그어서 누워버린
나무를 표현했습니다.

초가집 왼쪽 옆에는 누워서 자라는 나무도 있습니다. 옆으로 줄기를 긋고는 잎은 위에서 아래로 뾰족하게 그었습니다. 다른 나무와는 정반대로 그렸군요. 같은 점을 찍는데도 어떤 때는 산이 되고, 어떤 때는 나뭇잎이 되며, 또 어떤 때는 풀밭이 됩니다. 평범한 풍경을 화면으로 끌어들여 이제껏 없던 풍경을 새로 만든 것 같습니다.

 더 알아보아요

4대문에 얽힌 이야기

    조선시대에는 수도인 한양을 방어하기 위해 둘레에 17킬로미터의 긴 성을 쌓고 출입문인 4대문과 4소문을 만들어 저녁 10시에 닫고 새벽 4시에 여는 통행금지 제도를 실시했습니다. 우리는 4대문을 흔히 동대문·서대문·남대문·북대문으로 부르는데 이는 정식 명칭이 아닙니다. 일본이 우리 문화를 낮추기 위해 편의상 부른 것이지요.

    정식 명칭은 남쪽의 숭례문(崇禮門), 북쪽의 숙정문(肅靖門) 또는 숙청문(肅淸門), 동쪽의 흥인지문(興仁之門), 서쪽의 돈의문(敦義門)입니다. 4대문의 이름을 지은 사람은 조선의 개국공신인 정도전인데, 유교의 다섯 가지 덕목인 인의예지신(仁義禮智信)을 방위에 맞게 나타냈지요. 뜻을 살펴보면 숭례문은 '예를 숭상한다', 흥인지문은 '인을 일으킨다', 돈의문은 '의를 돈독하게 한다'입니다. 북쪽도 원래는 지혜 '지' 자를 넣어 홍지문(弘智門)으로 하려 했는데 백성들의 지혜와 지식이 늘어나면 왕실이 위태롭다고 하여 쓰지 않았습니다. 물론 '지' 자를 사용하지 않은 건 지혜는 '인의예'처럼 겉으로 드러나지 않기 때문이라는 얘기도 있습니다. 보물 제1호인 흥인지문은 다른 문과 달리 이름에 '갈 지(之)' 자가 들어갑니다. 흥인지문이 위치한 곳의 지형이 낮아 '갈 지' 자를 넣어 약한 기운을 보완한 것이라고 합니다.

    마지막 신(信) 자는 종로 한가운데 있습니다. 바로 보신각(普信閣)입니다. 원래 '신' 자의 방위가 가운데라 중심에 보신각을 지었지요.

자유토론

가슴으로 쓸어내린 묵직한 붓놀림

「인왕제색도」

드디어 때가 왔군요. 이제 정선 최고의 명작을 만나볼 시간입니다. 팔순이 다 되어가는 화가가 혼신의 힘을 기울여 붓을 휘둘렀지요. 검은 색의 묵직한 바윗덩어리가 화면을 짓누릅니다. 덩달아 보는 사람마음까지 짓눌리는 느낌입니다. 원래 하얀색인데 어찌 검게 칠할 생각을 했을까요. 또 어찌 그것이 실제 바위와 똑같은 느낌을 받을까요. 참 불가사의한 일입니다.

정선, 「인왕제색도」, 종이에 수묵, 79.2×138.2cm, 국보 제216호, 삼성미술관 리움

 함께 얘기해봐요

검은색을 몇 번씩 덧칠한 까닭은

　이 시간을 손꼽아 기다렸어요. 가슴이 막 떨리네요. 솔직히 고백하자면 이 그림 때문에 '옛 그림 학교'에 왔거든요. 귀가 닳도록 들어본 제목이라서요.

　그렇게 유명한 그림인가요?

　저도 제목은 많이 들어봤어요. 여기 오기 전에 백과사전으로 알아보았는데 이 그림이 정선의 대표작이자 국보 제 216호로도 지정된 그림이더라고요. 대체 「인왕제색도」가 무슨 뜻인가요?

　그것쯤이야……. 비가 그친 후 인왕산 모습을 그렸다는 뜻이잖아요. 맞죠, 선생님?

　예, 맞습니다. 아시다시피 인왕산은 서울을 대표하는 산입니다. 그래서 '인왕산 모르는 호랑이는 없다'는 속담도 생겼지요. 정선이 한강과 더불어 즐겨 그렸던 경치입니다.

　와우! 맨 위에 검게 칠한 봉우리가 참 인상 깊군요. 아주 힘 있고 장엄해 보이네요. 언뜻 보면 둥근 바가지를 엎어 놓은 모습인데…….

　인왕산 봉우리이지요. 인왕산도 금강산처럼 단단한 화강암으로 이루어진 산입니다.

👧 「청풍계」에서 본 것과 똑같이 검게 칠했네요. 그런데 이상해요. 저희 아빠가 등산을 좋아해서 식구들과 함께 인왕산을 자주 오르는데 실제 바위 색깔은 하얗거든요. 왜 검게 칠했을까요?

👦 한 번도 아니고 여러 번씩 덧칠까지 한 것처럼 진한데요? 게다가 봉우리 왼쪽 아래는 선을 다르게 그어서 굉장히 무게 있어 보이는 산이 된 것 같아요.

힘 있는 인왕산의 모습을 가장 잘 표현한 그림입니다.

👨 맞아요, 한 번으로는 부족했는지 몇 번씩 덧칠했습니다. 또 한 붓질을 끊어가며 칠했어요. 붓을 옆으로 눕혀서 마당을 쓸듯이 내려 그었을 때 이런 선이 나온답니다. 이런 기법은 앞에서 우리가 공부했던 쇄찰준이라고 합니다. 금강산의 바위를 표현한 수직준과는 전혀 다른 기법이지요. 같은 화강암이지만 느낌이 다르기 때문에 저런 방법을 사용했습니다.

👧 실제로 산을 보았을 땐 저런 느낌은 아니었는데요. 다른 친구들이 그림을 보고 진짜 풍경을 보면 아마 실망할 것 같아요. 그만큼 이 그림은 강렬해요.

👨 저 봉우리는 수백만 년을 저렇게 뿌리를 박고 있어왔습니다. 웬만한 비바람에는 꿈쩍도 안 하겠어요. 군자처럼 듬직한 바위, 정선도 저 바위를 닮고 싶었던 건 아닐까요?

 함께 얘기해봐요

화가는 새로운 세상을 만드는 신일까

김하종의 「계조굴」에 울산 바위가 등장합니다.

첫날 보았던 김하종의 「계조굴」이란 그림 기억납니까? 우뚝 솟은 설악산 울산바위를 그렸잖아요. 동양에서 가장 크다는 화강암 덩어리이지요. 선생님은 「계조굴」을 보자마자 울산바위인 줄 알았습니다. 어쩜 이렇게 울산바위와 똑같던지.

「계조굴」에는 정선의 금강산과 인왕산 표현 방법이 뒤섞였네요. 직선으로 각진 울산바위를 잘 표현한 것 같아요. 같은 검은색이지만 먹의 농담이 살아 있습니다.

같은 화강암이라도 표현 방법이 이렇게 다양하군요. 화가들은 자신의 느낌을 제대로 살려줄 가장 좋은 방법을 정확하게 아는 것 같아요.

아하, 그래서 인왕산은 쇄찰준으로 그려야 한다는 걸 정선은 직감적으로 알았군요.

직감은 아닐 것 같은데요. 아마 수천 번은 그려보지 않았을까요? 그러다가 마침내 터득한 방법이 쇄찰준인 것 같아요. 어쨌든 엄청난 힘이 느껴지는 표현법입니다.

하하하, 모두 그렇게 생각하지요. 하지만 같은 산수화인데도 정반대의 느낌이 드는 그림도 있습니다. 「인곡유거도」라는 작품이지요. '인왕산 골짜기의 외딴집'이라는 뜻입니다.

오, 정말 색다른데요. 수채화를 보는 것 같이 밝고 은은한 느낌이 들어요. 이번 산은 쌀알을 뿌려놓은 듯 점만 찍어 표현했네요. 음…… '미점준' 맞지요? 같은 산을 그린 것인데도 완전히 달라 보이네요.

정선, 「인곡유거도」, 종이에 수묵담채, 27.4×27.4cm, 간송미술관

저기가 어딘가요?

 정선이 살던 집이지요.

 그럼, 저기 방 안에 앉아서 책을 보는 분이 정선인가요?

● 정선이 자신과
자신이 살던 집을
그린 그림입니다.

 그런 것 같아요. 반듯한 자세로 책을 읽는 중이군요. 게다가 방 안에 책이 산더미처럼 쌓였네요. 어휴, 저걸 언제 다 읽을 수 있을까요?

 저런 곳이라면 공부는 저절로 되겠는데요. 저도 저기서 살고 싶어요.

 저도요!

 인왕산 골짜기라면 뒤에 보이는 산이 인왕산이겠네요?

 어? 저기 오른쪽 뒤에 검게 솟은 봉우리는 「인왕제색도」처럼 검은색이네요. 그런데 색깔이 아주 옅어요.

● 산 위에
검은 점이 찍혀 있네요.

 맞습니다. 같은 인왕산을 그렸는데 느낌이 전혀 다르지요. 만약 아까처럼 거무튀튀했다면 이렇게 평화로운 분위기가 안 나겠지요. 보면 볼수록 마음이 편안해집니다.

 그런데 그 위에 동그란 게 얹혔네요. 저게 뭘까요? 잘못해서 먹물을 떨어트린 건가요?

 하하하, 그러게요. 과연 뭘까요?

 함께 얘기해봐요

사과 꼭지처럼 붙은 점은 무엇일까

「인왕제색도」를 좀 더 자세히 보세요. 그림은 전체를 봐야 하거든요. 검은 바위에만 신경 쓰다가 자칫 다른 걸 놓치겠어요.

선생님, 아까 「청풍계」는 먼 곳, 가까운 곳의 구별이 있었잖아요. 여긴 구별이 없네요. 검은 봉우리가 가장 먼데 오히려 가장 크고 진하게 그렸어요.

아니에요. 잘 보면 가까운 곳, 먼 곳, 그리고 아주 먼 곳, 세 부분으로 구별이 잘 되어 있는데요?

세 부분으로 나뉜다고요?

왼쪽에서 뻗어 나오는 물안개가 그림을 정확히 세 부분으로 갈랐잖아요. 산수화에서 이런 구분은 안개나 구름으로 한다고 아까 배웠잖아요. 여기에서도 그렇게 보여준 것 같은데요.

오! 진짜 그러네요. 검은 봉우리가 가장 먼 곳, 그 아래 나무가 있고, 또 그 아래 소나무로 둘러싸인 집이 있네요. 가장 멀리 있는 검은 봉우리를 크고 진하게 그린 건 화가가 이곳을 가장 중요하게 생각했기 때문 아닐까요.

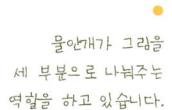

물안개가 그림을 세 부분으로 나눠주는 역할을 하고 있습니다.

산등성이를 따라 늘어선 점은 한양 성곽입니다.

👧 저기 산등성이를 따라 한 줄로 쭉 늘어선 점은 무엇일까요?

👦 한양 성곽이네요. 조선시대에는 적의 침략을 막으려고 한양을 빙 둘러 성을 쌓았잖아요. 매우 사실적인 표현입니다.

😀 하하하, 맨 오른쪽 봉우리는 반쯤 잘라먹은 사과 같아요. 꼭지도 달렸잖아요.

🧑 아까 「인곡유거도」에서 산머리에 달린 동그란 점을 보았나요?

😀 동그란 점? 아, 마치 콩처럼 붙었지요.

🧑 콩처럼 붙은 바위가 바로 부침바위랍니다. 오른쪽 봉우리가 벽련봉인데 거기에 붙어 있다고 해서 부침바위이지요. 실제로 멀리서는 잘 보이지 않고 가까이 가서만 보입니다. 「창의문」이라는 그림에도 맨 위에 또렷하게 나와 있어요.

마치 산머리에 혹이 달린 것 같은 바위가 바로 부침바위입니다.

👧 호호호! 참 재미있는 분이네요. 저런 것도 다 그리다니…….

👧 참, 선생님 이 그림은 비 온 뒤에 그린 모습이라고 했지요? 저는 왜 그런지 알아요.

🧑 어떻게요?

👧 저는 인왕산에 폭포가 있다는 소리는 못 들었거든요. 그런데 왼쪽, 오른쪽을 잘 살피면 흘러내리는 물줄기 몇 개가 있는 걸 발견했거

정선, 「창의문」,
『장동팔경첩』에 수록,
종이에 수묵담채,
39.5×33.0cm,
국립중앙박물관

비온 뒤에 잠깐
생겨난 폭포랍니다.

든요. 조금 전까지 비가 아주 많이 왔다는 증거 맞죠?

와! 보는 눈이 대단한데요. 선생님도 그건 미처 몰랐는데…….

오른쪽 아래 지붕 선이 반듯한 집이 보입니다. 아까부터 계속 눈길이 저기로 쏠렸거든요. 누구의 집인가요?

● 산 아래 집은 과연 누구의 집일까요?

 「청풍계」나 「인곡유거도」 모두 실제로는 사람이 살던 집을 그렸잖아요. 이 그림에서도 집은 무척 중요한 소재입니다. 저렇듯 크고 반듯하게 그렸으니까요. 누구 집이냐고요?

함께 얘기해봐요
과연 누구의 집일까

첫째, 정선 자신의 집이라는 의견이 있어요. 왜냐고요? 나중에 이 그림을 손에 넣은 심환지가 다음과 같은 시를 썼거든요.

…… 1만 그루 소나무가 그윽한 집을 둘러쌌네
주인은 홀로 앉아 하도와 낙서를 공부하리라

> **심환지(1730~1802)**
> 조선 후기의 문신입니다. 호는 만포이며 좌의정과 영의정을 지냈고 노론 벽파의 지도자로 정조 임금의 정적이기도 했습니다. 한때 정조 독살의 배후로도 알려졌으나 최근 발견된 정조의 비밀편지에는 두 사람이 서로 상의하면서 국가 정책을 추진했던 흔적이 남아 있습니다. 매우 청렴했으며 불의와 타협하지 않고 원칙을 중요시했다는 평이 있지요.

 정말 수많은 소나무가 집을 둘러쌌군요. 그런데 하도와 낙서는 뭐지요?

 옛날부터 중국에 전해오는 신비한 그림과 글입니다. 나중에 『주역』의 원리가 되었지요.

『주역』? 정선이 『주역』의 대가였다고 배웠는데요. 아, 그래서 저길 정선의 집이라고 보는군요. 지금 저 안에 앉아서 공부하고 있다는 말이지요. 「인곡유거도」처럼 말이에요.

 그렇습니다. 「인왕제색도」는 심환지가 스물두 살 때 그렸어요. 이토록 유명한 그림이라면 장안에 소문이 자자했을 테고 심환지도 그걸 알았을 겁니다. 정선의 집이라고 생각하고 시를 썼던 것이지요. 실제로 「인곡유거도」나 「인곡정사도」처럼 정선은 자신의 집을 자주 그렸거든요.

 또 다른 견해도 있나요?

예, 친구 이병연의 집으로 보기도 하지요.

이병연? 정선의 친한 친구였잖아요. 금강산 여행도 이병연이 초청했다고 아까 배웠는데…….

그래요. 금강산 여행을 하려면 많은 돈이 들었는데, 당시 금강산과 가까운 금화현감으로 있던 이병연의 도움이 컸지요. 형제 이상으로 가까웠던 셈이지요. 『경교명승첩』 역시 두 사람의 지극한 우정을 말해주는 증거잖아요.

 와, 부럽네요. 저도 그런 친구가 있었으면…….

 하하하! 그러게요. 어쨌든, 어느 날 이병연이 큰 병이 들었습니

> ### 하도와 낙서
>
> 하도는 5,600년 전 중국의 복희씨가 황하의 용마(용의 머리에 말의 몸을 가진 전설의 동물) 등에 나타난 검고 흰 점을 보고 그렸다는 그림을 말합니다. 낙서는 4,000년 전 중국 하나라의 우왕이 낙수에서 떠오른 거북 등에 나타난 무늬를 보고 그렸다는 그림이지요. 하도와 낙서는 동양사상의 핵심이라고 할 수 있는 음양과 오행의 원리가 담겼다고 알려졌으며 보는 사람에 따라 여러 가지로 해석하기도 합니다.

다. 워낙 노환이 겹친 터라 당시 의술로는 절망적이었지요. 정선이 안타까운 마음을 어찌 달랬겠습니까. 화가이니 그림으로 달랠 수밖에요.

그래서 「인왕제색도」를 그렸다고요? 어떻게 알 수 있지요?

그림 오른쪽 위에 '신미 윤월 하완(辛未潤月下浣)'이라고 쓰여 있지요? 신미년인 1751년 윤5월 하순에 그렸다는 뜻입니다. 이병연이 병든 때와 꼭 맞아떨어지거든요. 그러니 빨리 병이 완쾌되길 바라는 마음에서 그렸으리라 짐작하는 것이지요.

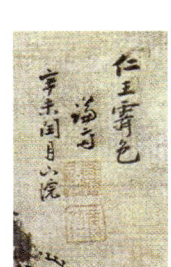

● 친구가 빨리 낫기를 바라는 마음에서 그림을 그렸다는군요!

아, 이병연의 쾌유를 빌면서 그렸으니, 이병연의 집이라고 생각하는군요.

네. 옛날의 즐거웠던 추억을 회상하며 두 사람의 우정이 변함없다는 것을 보여주고자 했다는 것이지요. 그래서 저렇게 듬직한 바위, 그것도 비 온 뒤의 바위산을 그렸겠지요. '비 온 뒤에 땅이 굳어진다'는 속담도 있잖아요.

이 그림이 그토록 비장해 보인 까닭을 이제야 알겠군요. 그런데 「인왕제색도」는 정선이 일흔여섯 살에 그렸다면서요?

와, 공부 많이 해왔군요!

요즘도 일흔여섯 살이면 꽤 많은 나이잖아요. 그런데도 이렇게 힘이 넘치는 그림을 그리다니……. 도저히 믿기지 않습니다.

나이를 잊은 열정에 저절로 머리가 숙여지는군요.

 ……

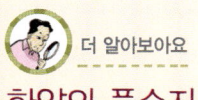 더 알아보아요

한양의 풍수지리

한양은 크게 바깥의 4개 산(외사산, 外四山)과 안쪽의 4개 산(내사산, 內四山)으로 둘러싸여 있습니다. 외사산은 동쪽의 용마산, 남쪽의 관악산, 서쪽의 덕양산(행주산성), 북쪽의 북한산이고, 내사산은 북쪽의 북악산, 동쪽의 낙산, 남쪽의 남산, 서쪽의 인왕산을 말하지요. 한양을 둘러싼 17킬로미터의 성곽을 바로 이 내사산을 연결하여 쌓았습니다.

처음 경복궁을 지을 때 서쪽의 인왕산을 주산(主山)으로 삼고 궁궐을 동향으로 해야 한다는 주장도 있었지만, 결국 개국공신 정도전의 주장대로 북쪽의 북악산을 주산으로 삼고 남향으로 자리 잡은 지금의 모습이 되었습니다.

한양은 주산인 북악산을 중심으로 청룡인 낙산(125미터, 일명 타락산), 백호인 인왕산(338미터), 주작인 남산(265미터, 일명 목멱산)의 맥들로 둘러싸인 분지 지형입니다. 내사산에서 시작된 물이 한데 모여 서울의 내수인 청계천을 이루고, 청계천은 중랑천과 합쳐져 외수인 한강과 만나게 되지요. 이처럼 한양은 산세가 빼어난 여덟 개의 산과 여러 줄기의 물이 한데 어우러진 명당 중의 명당입니다. 한양의 '양'은 산의 남쪽, 강의 북쪽이라는 뜻인데, 여기서 산은 북악산, 강은 한강을 가리킵니다.

 보충학습

남종화·북종화란 무엇인가

선불교
경전에 기록된 말이나 문자보다는 마음의 수양을 통해 깨달음을 얻고자 하는 불교의 한 종파입니다. 이를 '불립문자' '이심전심'이라 하며 오늘날 불교의 중요한 흐름이 되고 있습니다.

흔히 동양의 산수화는 남종화와 북종화로 나뉩니다. 다른 말로 남파·북파, 또는 남화·북화라고도 합니다. 남·북종화는 지역에 따라 구분한 명칭이 아니라 당시 유행하던 선불교의 남종선·북종선에서 힌트를 얻어 붙인 이름입니다. 그림의 특징이 남·북종선의 종교적 특징과도 비슷하기 때문이지요.

이런 구분은 중국 명나라 화가인 동기창, 막시룡, 진계유가 시작했습니다. 특히 동기창은 명나라 이전의 중국 미술사를 정리하면서 화가들의 출신 성분과 그림의 특징에 따라 남·북종화로 구분한 후 화가들의 계보까지 만들었는데, 남종화의 시조로는 당나라의 왕유, 북종화의 시조로는 당나라의 이사훈을 꼽았습니다.

남종화는 학식과 교양을 갖춘 문인 화가들이 주로 그렸습니다. 직업 화가들의 작품이 아닌 만큼 기술면에서는 서툰 점이 있으나 뛰어난 정신세계를 표현했다 하여 품격 높은 그림으로 평가되곤 합니다. 짙은 색깔 대신 수묵이나 옅은 색을 주로 사용하여 간결하면서도 담백하고 부드러운 느낌이 나지요.

〈남종화의 예〉
전기, 「계산포무도」,
종이에 수묵,
24.5×41.5cm,
국립중앙박물관

　북종화는 남종화에 상대되는 화풍으로 직업 화가들이 많이 그렸습니다. 따라서 표현 기술이 세련되었으며 화려한 색깔에 강한 선과 세밀한 묘사로 매우 강렬한 느낌이 듭니다. 그렇지만 직업 화가들의 작품이라 드높은 정신세계를 담지 못하여 품격이 낮다는 비판을 받기도 했습니다.

　이런 구분은 그림의 특징이라기보다는 화가들의 출신 성분에 따라 좌우되었습니다. 사실 그림만 봐서는 남·북종화의 구별이 어려운 경우가 많습니다. 직업 화가들 중에도 남종화의 특징이 돋보이는 그림이 있고 문인 화가들도 채색화를 그렸기 때문입니다. 결국 화가들의 출신 성분이 중요한 기준인 셈인데 이 때문에 남종화를 우대하고 북종화는 천시하는 경향으로 굳어졌습니다. 그림에는 높은 정신세계와

(북종화의 예)
대진,
「소나무와 사슴」,
비단에 수묵담채,
142.5×72.4cm

더불어 기술적인 면도 중요한데 이를 무시하는 바람에 그림이 다양하게 발전하기 어려워졌습니다.

우리나라에서는 조선 중기까지 북종화풍이 유행하다가 17세기경에 남종화가 본격적으로 소개되기 시작한 후, 조선 후기 심사정·강세황·이인상을 중심으로 더욱 발전하면서 주도적인 화풍으로 자리 잡게 되었습니다. 19세기 초에는 김정희를 중심으로 한 남종화풍이 화단을 지배하게 되어 대부분의 화원들도 남종화법을 따르게 되었으며, 지금까지 그 전통이 이어지고 있습니다. 김정희는 글 공부를 강조하는 문자향(文字香)과 서권기(書卷氣)를 내세워 남종화의 전성기를 이루었습니다.

남종화는 남종문인화라고도 부릅니다. 문인화는 직업화가가 아닌 문인, 즉 선비나 귀족들이 그린 그림을 말하지요. 기술적으로는 부족한 점이 있으나 그림이 추구하는 높은 뜻은 남종화의 특징과 많이 닮았습니다. 게다가 그린 화가들도 남종화처럼 대부분 문인들이었으므로 남종문인화라 부르는 것입니다.

셋째 날
무궁화 삼천리
화려강산

첫 번째 여행

폭포수 백 길 넘어 물소리 우렁차다

「박연폭포」

흔히 정선 최고의 명작으로 「인왕제색도」와 「금강전도」를 꼽습니다. 거기다가 하나를 더 보태기도 하지요. 이번에는 산이 아니라 물입니다. 아, 시원해서 더 좋다고요? 그렇습니다. 마치 수백 미터 위에서 떨어지는 듯 시원한 폭포 그림, 어찌나 강렬한 개성이 돋보이는지 도저히 옛날 그림이라고는 믿기지 않네요.

정선, 「박연폭포」,
종이에 수묵,
119.0×51.0cm, 개인 소장

 무엇을 볼까요?

중국의 여산폭포만 최고일까

　정선이 제일 사랑했던 금강산, 그리고 정선이 발을 붙이고 살던 한양 땅, 모두 차례로 여행을 했습니다. 이제 끝이냐고요? 아닙니다. 무궁화 꽃피는 삼천리 화려강산, 정선의 발이 닿지 않은 곳이 어디 있을까요. 구석구석 돌아다니며 눈에 넣어두었지요.

　그래요, 이번에는 금강산과 한양을 제외한 나머지 땅을 여행할 차례입니다. 개성, 임진강, 동해……, 정말 정선은 동에 번쩍 서에 번쩍, 안 가본 곳이 없네요. 음, 어디부터 볼까요? 역시 시원한 물이 좋겠지요. 우선 읽기만 해도 막힌 속이 쑥 뚫리는 시 한 구절부터 감상할게요.

　　비류직하삼천척 飛流直下三千尺
　　의시은하락구천 疑是銀河落九天

　중국의 천재 시인 이백의 「망여산폭포」라는 시의 한 구절입니다. 무슨 뜻이냐고요? '폭포 물줄기가 나는 듯 흘러내려 3,000척을 떨어지니 하늘에서 은하수가 쏟아지는구나'라는 뜻입니다. 제목 그대로 유명한 여산폭포를 바라보며 읊은 시지요. 3,000척이면 무려 1,000미터입니다. 설마 하니 그 정도야 되겠습니까만, 무척 높다는 뜻으로 쓴 것입니다. 실제로는 120미터 정도랍니다. 그 정도만 해도 어딘가요. 정말 하늘에서 은하수가 쏟아져 내리는 느낌을 받겠지요. 대체 어떻게 생긴 폭포냐고요?

> **이백(701~62)**
> 중국 당나라의 시인입니다. 이름보다도 자인 태백으로 더 잘 알려졌으며 두보와 함께 중국 최고의 시인으로 꼽히지요. 정치를 희망했으나 뜻을 펴지 못하고 평생 자유롭게 살면서 수많은 시를 지었지요. 남아 있는 시만도 1,000여 수나 되는데 신선·술·이별·달에 관련된 시가 많습니다. 호수에 비친 달을 건지러 갔다 죽었다는 얘기가 있을 정도이지요. 『이태백문집』 36권이 남아 있습니다.

정선이 그림으로 남겼습니다. 「여산폭포」라는 작품이지요. 벼랑은 온통 검은색으로 칠했습니다. 그 가운데를 헤치고 하얀 물줄기가 힘차게 떨어집니다. 물줄기는 한 방울도 흩어지지 않고 곧추 떨어집니다. 과연 은하수가 쏟아져 내리는 느낌이 드네요.

그런데 정선은 정말 여산폭포를 보았을까요? 천만에요. 머나먼 중국 땅에 있어서 보기 쉽지 않았기에 소문으로만 귀가 닳도록 들었겠지요. 천하의 시인 이백이 감탄한 폭포입니다. 그래서 한번 그려볼 마음이 생겼겠지요.

하지만 어떻게 그립니까. 생전 보지도 못한 폭포인데. 할 수 없습니다. 우리 땅에 있는 폭포를 참고하는 수밖에요. 그러고 보니 벼랑에 자라는 소나무, 잣나무가 무척 눈에 익습니다. 정선의 그림에서 숱하게 보았던 나무잖아요. 어떤 폭포를 참고했을까요?

여산폭포 못지않은 곳이 조선에도 많았습니다. 그중 하나가 박연폭포입니다. 옛날 고려의 도읍지였던 송도(개성)에 있지요. 한양이 600년 동안 조선의 도읍지였듯 송도는 500년 동안 고려의 도읍지였습니

정선, 「여산폭포」, 비단에 수묵담채, 100.3×64.2cm, 국립중앙박물관

다. 예로부터 이곳은 '송도 삼절'로도 유명했습니다. 송도에는 세 가지 자랑거리가 있는데, 곧 기생 황진이, 대학자 서경덕, 나머지 하나가 바로 박연폭포입니다.

> **황진이와 서경덕**
>
> 황진이는 조선 중종 임금 때의 기생이자 시인입니다. 미모와 재주를 함께 갖춘 조선 최고의 명기로 선비들과 시를 주고받을 정도로 문장력이 뛰어났습니다. 성격도 매우 활달해서 많은 사람들과 교유했지요. 서경덕(1489~1546)은 조선 중기의 학자입니다. 호는 화담이며 정치에 관심을 접고 학문 연구와 후학 양성에 일생을 바쳤지요. 성리학의 대가로 이율곡과 편지를 주고받으며 학문적 논쟁을 벌인 일은 유명합니다. 평생 여자를 멀리했는데 황진이가 그를 시험하고자 유혹했으나 실패하고 오히려 제자가 되었다고 합니다. 저서로 『화담집』이 있습니다.

 무엇을 볼까요?

박연폭포의 전설을 아십니까

자, 그럼 「박연폭포」 그림을 감상해볼까요? 보기만 해도 시원스런 물줄기가 하늘에서 뚝 떨어지고 있습니다. 단숨에 시커먼 바위를 양쪽으로 쫙 갈라놓았네요. 양쪽 벼랑이 참 위압적입니다. 「인왕제색도」처럼 온통 시커멓게 칠했잖아요. 오른쪽 벼랑은 삼층탑을 쌓듯이 그렸습니다. 위로 갈수록 점점 넓어지네요. 금방이라도 와르르 무너질 것처럼 불안합니다. 소나무마저 아슬아슬 누워서 자랍니다.

폭포가 걸린 가운데 바위는 색깔이 좀 옅습니다. 윗부분은 가로로 아래는 세로로 번갈아가며 붓을 놀렸습니다. 거리낌 없는 붓질입니다. 폭포 위아래로 형제처럼 닮은 둥근 바위가 있지요. 위쪽 바위의

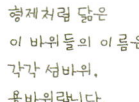
형제처럼 닮은 이 바위들의 이름은 각각 섬바위, 용바위랍니다.

이름은 섬바위입니다. 커다란 못 속에 섬처럼 떠 있어서 섬바위이지요. 이 못이 바로 박연(朴淵)입니다. 폭포 이름도 여기서 나왔답니다. 왜 박연이냐고요?

옛날에 이곳에 박씨 성을 가진 진사(조선시대 진사시에 합격한 사람에게 주는 칭호) 청년이 살았습니다. 가끔 시간이 나면 여기 와서 젓대를 불었나 봅니다. 솜씨가 얼마나 뛰어났는지 이 연못 속에 사는 용까지 홀딱 반했지 뭡니까. 대번 물속으로 끌고 들어가 남편으로 삼았다네요. 박 진사가 빠졌다고 박연, 바가지를 닮았다고 박연이지요.

한편 혼자 남아 있던 박 진사의 어머니는 아들이 돌아오지 않자 찾아 나섰다가 그만 발을 헛디뎌 폭포 아래 연못에 빠져 죽고 맙니다. 그 못을 고모담(시어머니 못)이라 부른답니다. 박연은 지름이 8미터, 고모담은 40미터나 된답니다.

밑에 있는 둥근 바위는 용바위입니다. 실제로는 저렇게 못 한가운데 있지 않고 가장자리에 있지요. 이 바위에 아까 본 이백의 시 구절이 새겨져 있습니다. '비류직하삼천척 의시은하락구천'. 마치 날리는 물보라처럼 휘갈긴 글씨지요. 말하기 좋아하는 사람들은 황진이가 머리채에 먹물을 묻혀 쓴 것이라고 합니다. 박연폭포를 자꾸 황진이와 연결시키려는 것이지요. 박연과 황진이 모두 같은 '송도삼절'이잖아요. 실제로 황진이는 「박연폭포」라는 시를 지었습니다.

> 한 줄기 긴 물줄기 바위에서 뿜어내려
> 폭포수 백 길 넘어 물소리 우렁차다
> 나는 듯 거꾸로 솟아 은하수 같고
> 성난 폭포 가로 드리우니 흰 무지개 완연하다
> 어지러운 물방울이 골짜기에 가득하니
> 구슬 방아에 부서진 옥 허공에 치솟는다
> 나그네여 여산폭포와 비교하지 말라
> 해동의 으뜸은 박연폭포인 것을

결국 박연폭포가 여산폭포보다 낫다는 말이지요. 저 물줄기 좀 보세요. 한 줄로 쏟아져 내리는 모습이 웅장하잖아요. 보통 물줄기는 위가 좁고 아래가 넓습니다. 마치 부채살처럼 떨어지지요. 강세황이 그린 「박연폭포」를 보면 알 수 있습니다. 실제 박연폭포의 물줄기도 아마 이럴 겁니다. 그런데 정선의 그림에는 위아래의 차이가 거의 없습니다. 조금도 흩어지지 않고 그대로 내리 꽂힙니다. 게다가 물줄기 위아래로 그

강세황(1712~91)
조선 후기의 화가이자 평론가입니다. 호는 표암이며 예순한 살의 늦은 나이로 벼슬길에 올라 한성부판윤을 지냈습니다. 그림 보는 안목이 뛰어나 많은 화가들의 작품에 평을 남겼지요. 작품으로 『송도기행첩』이 있습니다.

폭만큼 똑같은 바위를 그려 눈길마저 흩어지지 않도록 했습니다. 그 결과 「박연폭포」는 아주 박력 있는 그림이 되었습니다.

 무엇을 볼까요?

폭포를 왜 저리 높게 그렸을까

그런데 이 그림에는 뭔가 이상한 점이 있습니다. 폭포 높이가 너무 높아 보이거든요. 실제 높이는 약 37미터, 아무리 잘 봐준다 해도 그림처럼 높지는 않거든요. 그런데 그림으로는 100미터도 넘어 보입니다. 강세황의 그림에서는 그리 높지 않잖아요.

정선은 사실대로 그리지 않았습니다. 왜냐고요? 자신의 느낌을 강조하고 싶었기 때문이지요. 그는 폭포를 처음 본 순간 강한 충격을 받았습니다. 생각보다 훨씬 높고 웅장했으니까요. 이 느낌을 그대로 살리고 싶었습니다. 사실대로만 그렸다가는 폭포에서 받은 감동이 모두 사라지고 말 터입니다. 그래서 저리 높게 그렸습니다. 폭포의 넓이도 대폭 줄였습니다. 양쪽 바위도 불필요한 부분은 싹둑 잘랐습니다. 훨씬 더 높아 보이도록 말입니다.

그래도 뭔가 부족했나 봅니다. 다른 장치를 더 마련했습니다. 오른쪽 아래에 아담한 정자가 보이지요. 범사정입니다. 그 옆에 선비 두

강세황, 「박연폭포」, 『송도기행첩』에 수록, 32.8×58.4cm, 국립중앙박물관

명이 서 있습니다. 역시 낯익은 동작이지요. 팔을 들어 뭔가를 가리키잖아요. 그런데 범사정은 위에서 내려다본 모습입니다.

　오른쪽 위를 보세요. 멋진 성문이 보이지요. 깎아지른 절벽 위에 있습니다. 길이가 10킬로미터나 된다는 대흥산성입니다. 그런데 이 산성은 아래서 올려다본 모습입니다. 한 그림에 두

선비 두 명이 용바위를 가리키며 감탄하고 있습니다.

대흥산성의 시점은 그림의 극적인 효과를 위해 다르게 표현했습니다.

개의 시점이 있는 거지요. 그러니 높은 건 더 높고 낮은 건 더 낮아 보입니다. 그래서 폭포는 더 높아 보이는 거지요.

불필요한 장면은 작게, 그리고 과감히 잘랐습니다. 오로지 물줄기와 바위 두 가지만 돋보입니다. 아주 단순 명료한 그림이지요. 떨어지는 물줄기를 보면서 거기서 나는 소리를 듣는 것이지요. 저렇게 높이 떨어지니 물소리가 얼마나 컸겠습니까. 실제로 폭포를 구경하는 사람들은 폭포의 아름다움뿐 아니라 그 웅장한 소리에 대해서도 적었습니다. 그러니 황진이도 '물소리 우렁차다'고 했겠지요. 선생님이 아는 어떤 분은 전시회에서 이 그림을 보는 데 정말 물소리가 들리는 것 같았다고 하시더군요.

무엇을 볼까요?
「박생연」에 나타난 계절은 언제일까

또 하나의 박연폭포 그림이 있습니다. 그림의 왼쪽 위에 작게 「박생연」이라고 적혀 있군요. 이 역시 박연폭포를 말합니다. 얼핏 보면 두 그림은 쌍둥이 같습니다. 한 줄로 곧게 떨어지는 물줄기, 오른쪽에 층층이 쌓아올린 검은 암벽, 바위에 자라는 소나무, 둥근 섬바위와 용바위까지…….

하지만 미세한 차이가 있습니다. 구경하는 선비들도 더 많고 대흥산성에 오르는 산길도 오른쪽 구석에 꾸불꾸불 그려져 있습니다. 소나무도 보세요. 물론 벼랑 위의 소나무는 「박연폭포」에도 있는 '겸재표' 소나무지만 아래쪽 소나무는 제법 자세하게 그려졌습니다. 무엇보다 계절의 차이점이 뚜렷합니다. 「박생연」의 계절은 불타는 가을입니다. 벼랑을 타고 울긋불긋 단풍들이 줄을 지어 타 오르잖아요. 유람하기 좋은 가을에 그린 그림이지요.

이렇듯 정선은 좋은 경치는 여러 번 그렸습니다. 그리고 볼 때마다 조금씩 달라지는 느낌을 그림에 충실히 반영했지요. 같은 경치라도 매번 똑같지는 않으니까요. 이게 진경산수화의 묘미입니다.

정선, 「박생연」, 비단에 채색, 98.0×35.0cm, 간송미술관

 더 알아보아요

고려 500년 도읍지, 개성

개성은 500년 고려 왕조의 도읍지로 송도(松都)라고도 불렸습니다. 태조 왕건이 고려를 세운 후, 919년 수도를 철원에서 개성으로 옮겨 오랫동안 고려의 수도가 되지요. 서울에서 불과 70킬로미터밖에 안 되지만 지금은 북한 땅이라 마음대로 갈 수 없습니다. 개성은 역사가 오래된 도시인만큼 많은 유적지가 있습니다.

먼저 고려 왕궁터인 만월대가 있습니다. 태조 왕건이 지어 오랫동안 사용하다가 공민왕 때 홍건적의 침입으로 불타고 지금은 그 터만 남았습니다. 터만 해도 굉장히 넓어 고려 왕조의 영화를 잘 보여주고 있지요. 태조 왕건릉과 31대 임금 공민왕릉도 유명합니다. 특히 공민왕릉은 왕비인 노국공주의 무덤과 나란히 있는 쌍분이어서 죽어서도 변치 않는 두 사람의 사랑을 보여주고 있습니다.

가장 유명한 건 역시 선죽교입니다. 길이가 7미터도 안 되는 자그마한 돌다리지만 여기서 고려 말의 충신 정몽주가 이방원에게 죽임을 당한 곳으로 유명하지요. 아직도 핏자국이 선명하다고 하는데 처음에는 선지교라 부르다가 정몽주가 죽은 자리에서 대나무가 자라나 선죽교로 이름이 바뀌었습니다. 한 나라의 도읍지였던 도시에는 역사와 전통이 오래도록 남아 있습니다. 신라의 도읍지 경주, 조선의 도읍지 한양, 고구려의 도읍지 평양처럼 고려의 도읍지인 개성도 유구한 역사와 전통이 숨 쉬는 곳이지요.

두 번째 여행

날개 단 신선이 되어 하늘에 오르네

「우화등선」

재미있는 책이나 드라마는 한 편으로 끝나는 법이 없지요. 1·2편 또는 상·하편으로 꼭 이어집니다. 한 편으로는 모든 이야기를 다 담을 수가 없기 때문이지요. 그림도 나누어 그린 것이 있습니다. 한 편으로는 도저히 담을 수 없어 1·2편으로 나누었지요. 보통 비슷한 그림을 두 번 그리는 경우가 있으나 한 주제를 놓고 2편으로 이어지는 그림은 드뭅니다.

정선, 「우화등선」, 『연강임술첩』에 수록, 비단에 수묵담채, 33.5×154.8cm, 개인 소장

 무엇을 볼까요?

우화정에서 배를 탄 까닭은 무엇일까

앞의 그림은 잘 감상했나요. 두 편의 그림 중 제1편부터 볼까요. 산과 강이 어우러진 그야말로 산수화군요. 가운데를 가로지른 강은 임진강입니다. 배가 다섯 척이나 떠 있네요. 맨 왼쪽의 배는 비어 있고 오른쪽 배는 제법 큽니다. 배 안에 차양까지 쳤군요. 지위 높은 양반이라도 탄 모양입니다. 가운데 배는 세 척, 아무래도 큰 배를 쫓아가는 것이겠지요.

강가에는 시커먼 바위들이 쭉 늘어섰습니다. 깎아지른 듯한 절벽이군요. 뒤로는 크고 작은 수많은 봉우리가 병풍처럼 펼쳐져 있습니다. 금강산처럼 뾰족하지 않아 매우 부드러운 느낌을 줍니다. 왼쪽에는 큰 나무들이 서 있습니다. 잎이 떨어진 것으로 보아 여름은 아닌 듯합니다. 나뭇가지를 잘 보면 모두 왼쪽으로 치우쳐 있습니다. 바람이 오른쪽에서 왼쪽으로 불었나 봅니다. 그렇다면 배는 맞바람을 맞으며 운항 중이군요. 왼쪽 절벽 위에 유독 눈에 띄는 큰 건물이 보입니다. 제목에까지 등장하는 중요한 건물이지요. 무슨 건물이냐고요? 바로 우화정입니다.

이 그림 제목이 「우화등선」입니다. '우화정에서 배를 타다'는 뜻이

작은 배들이 앞의 큰 배를 쫓아가고 있습니다.

지요. 아, 그럼 저기 배 안의 사람들은 우화정에서 배를 타서 막 출발하는 참이로군요. 그런데 저 사람들은 누구일까요? 왜 우화정에서 배를 탔고, 지금 어디로 가는 걸까요?

바로 이 건물이 우화정입니다.

무엇을 볼까요?
우리라고 소동파보다 못할소냐

때는 임술년(1742) 음력 10월 보름(15일)입니다. 이날 정선은 경기도 관찰사 홍경보의 부름을 받았습니다. 경기도 양천현령이었던 정선은 직속상관의 부름인지라 한달음에 달려갔겠지요. 어디로 부름을 받았냐고요? 임진강 상류 삭녕(경기도 연천군과 강원도 철원군 지역의 옛 이름)에 있는 적벽의 우화정입니다. 두 사람과 함께 연천군수 신유한도 함께했습니다. 정선은 당대 그림의 명수, 신유한은 글짓기의 명수였습니다. 글 잘 짓고 그림 잘 그리는 두 사람을 함께 불렀다? 감이 잡히나요?

조선시대 선비들에게는 옛날 유명한 사람

> **소동파(1037~1101)**
> 중국 북송 시대의 시인, 학자, 정치가입니다. 원래 이름은 '식'인데 동파라는 호로 더 잘 알려져 있습니다. 당송 8대가로 꼽힐 만큼 문장력이 뛰어나 우리나라 시인들에게 많은 영향을 끼쳤습니다. 작품으로 「적벽부」와 시문집인 「동파칠집」이 있습니다. 「적벽부」는 1082년 소동파가 귀양지인 양쯔 강의 적벽에 배를 띄우고 놀면서 지은 시입니다. 음력 7월에 지은 「전적벽부」와 음력 10월에 지은 「후적벽부」가 있지요. 전편은 적벽에서 벌어졌던 삼국시대의 싸움 이야기를 생각하고 덧없는 인생에서 벗어나 자연과 하나가 되자고 노래했고, 후편은 뱃놀이의 즐거움을 읊었지요. 소동파의 대표적인 작품으로 많은 사람들이 좋아한 명문장으로 꼽힙니다.

들의 풍류를 따라 즐기는 전통이 있었습니다. 1742년 임술년보다 훨씬 앞선 1082년 임술년, 중국 송나라의 시인 소동파는 적벽에서 한바탕 뱃놀이를 즐겼습니다. 적벽은 『삼국지』에도 나오는 살벌한 싸움터이지만 아름다운 경치로도 유명한 곳이지요. 소동파는 뱃놀이를 하면서 시를 한 수 짓습니다. 그 유명한 「적벽부」입니다. 「적벽부」는 달밤에 배를 띄우고 노닐면서 자연의 영원함과 인생의 무상함에 대해 노래한 시입니다. 그중 가장 널리 알려진 부분을 한 번 읊어볼까요.

> 달은 동산 위로 떠올라 북두성과 견우성 사이에 머물고
> 흰 물안개는 강을 감싸고 물빛은 하늘에 맞닿았다네
> 작은 배에 이 한 몸을 싣고 흐르는 대로 몸을 맡겼도다
> 넓고 넓은 물을 헤치고 나가니
> 내 몸은 바람을 타고 제멋대로 날아가는구나
> 드디어 속세를 벗어나 혼자가 되고
> 날개 단 신선이 되어 하늘에 오르네

자연과 하나가 된 소동파의 모습이 눈에 선하지요? 그렇습니다. 홍경보는 이걸 흉내 내어 똑같이 뱃놀이를 즐겨보자고 정선과 신유한을 부른 겁니다. 마침 똑같은 임술년 보름에, 똑같은 적벽에 있으니 소동파의 기분을 만끽하기에는 안성맞춤이었지요.

 무엇을 볼까요?
산은 왜 피마준을 썼을까

출발지는 삭녕 적벽의 우화정이었습니다. 우화정이란 '날개 단 신선이 되어 하늘에 오른다'는 뜻의 이름을 가진 정자입니다. 이름부터가 벌써「적벽부」에 나오는 시의 한 구절과 똑같으니 이들의 마음은 한없이 들떴겠지요.

「우화등선」에는 아직 달이 보이지 않습니다. 낮에 출발했다는 뜻입니다. 아무래도 밤 뱃길은 위험하겠지요. 가운데 차일을 친 큰 배에 정선 일행이 탔습니다. 강기슭에는 이들을 배웅 나온 사람들도 보입니다. 관찰사가 떴으니 부근의 행세깨나 한다는 유지들은 모두 나와야 했겠지요. 관찰사 일행의 뒤치다꺼리를 위해서 세 척의 배가 뒤따릅니다. 먹고 마실 술과 음식이 실렸겠지요. 너무 가까이 붙으면 놀이의 흥이 떨어지니 멀찍감치 떨어졌습니다.

먹고 마시는 재미도 재미려니와 경치도 일품입니다. 정선은 배 안에 앉아서 눈에 들어오는 경치를 하나도 놓치지 않았습니다. 그걸 그림에 고스란히 옮겨 놓았지요. 산은 금강산과 달리 수직준을 쓰지 않았습니다. 저건 피마준이지요. 임진강 주변의 산은 위압적이지 않았

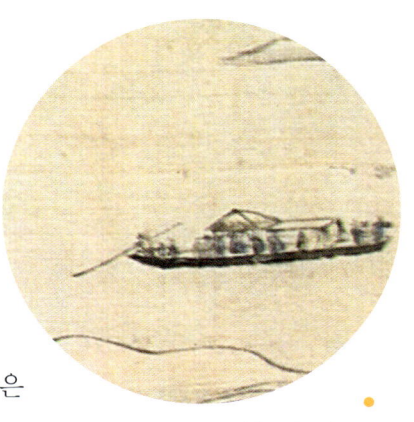

가운데 가장 큰 배에 정선 일행이 탔습니다.

관찰사 일행을 배웅 나온 사람들입니다.

강기슭의 인상적인 장면에는 부벽준을 사용해서 그렸습니다.

나 봅니다. 그림에서도 무척 부드러워 보입니다. 힘 있는 금강산이나 인왕산에 비하면 낯설어 보일 정도입니다.

반면 강기슭 절벽은 정선 특유의 부벽준을 아낌없이 썼습니다. 부벽준은 앞에서도 설명했듯 뾰족한 지형을 드러내기 위해 붓을 뉘어 재빨리 끌어당기는 방법입니다. 절벽의 모습이 무척이나 인상적이었으니까요. 그래도 「인왕제색도」와는 좀 달라 보이지요? 먹물을 짙게 칠했지만 가로, 세로로 많은 선을 그었습니다. 깎아지른 느낌을 표현하자면 이게 가장 적절한 방법이니까요. 정선은 지역마다 다른 우리 땅의 모습을 적재적소에 맞는 기법으로 표현했던 겁니다.

전체적으로 왠지 좀 쓸쓸한 느낌이 듭니다. 나뭇잎이 다 떨어진 산이 그런 느낌을 뒷받침해줍니다. 「적벽부」의 내용이 인생무상이었으니 정선도 이런 느낌을 잘 살리려고 했겠지요. 그래도 산꼭대기의 우뚝한 '겸재표' 소나무가 쓸쓸함을 달래주고 있습니다. 이들이 탄 배는 도도히 흐르는 임진강의 물길을 40리나 달려 웅연(지금의 경기도 연천군 지역)에 도착합니다.

 무엇을 볼까요?
화면을 왜 저렇게 비워두었을까

　제2편은 「웅연계람」입니다. '웅연에 배를 대다'라는 뜻이지요. 1편은 출발, 2편은 도착이니 정선은 뱃놀이의 시작과 끝을 그림에 담은 겁니다. 달이 뜬 깊은 밤, 건너편 강기슭에 도착한 배가 보이지요. 네 척이 출발했는데 모두 무사히 도착했군요. 많은 사람들이 횃불을 들고 마중을 나왔습니다. 강 이쪽에도 횃불을 든 사람들이 보이지요? 양반들이 뱃놀이를 할 때 횃불을 든 사람들이 동원되는 건 흔한 일이었습니다.

　횃불을 들었으니 당연히 밤이겠지요. 그렇습니다. 2편이 1편과 가장 다른 점이 뭔지 아나요? 예, 그림 왼쪽 위를 보세요. 둥근 보름달이 환히 떠 있잖아요. 이제 소동파가 즐겼던 본격적인 뱃놀이를 즐길 무대가 갖추어진 겁니다. 사실 정선 일행은 해질녘에 도착했는데 달을 보려고 일부러 기다렸다가 이제야 배를 대는 길이지요. 주인공인 관찰사 일행이 1편에는 왼쪽에 배치되었는데 이 그림에는 한가운데 있습니다. 구도에도 변화를 주었습니다.

　「웅연계람」은 1편보다 한결 부드러워 보입니다. 위압을 주는 절벽도 그리 많지 않고 강도 훨씬 넓어졌습니다. 옛 그림에서 물은 공간을

하늘에 둥근 달이 떠 있네요!

밤이 늦었지만 많은 사람들이 마중을 나왔네요!

비워두는 것으로 표현했습니다. 구름이나 안개도 그렇지요. 여기서 빈 공간은 물을 뜻하지만 여백으로서의 의미도 있습니다. 우리 옛 그림은 서양과는 달리 화면을 꽉 채우지 않고 여백을 둡니다. "무엇을 그릴까"보다는 "어디를 비울까"에 더 고심하는 것이 우리 그림의 특징이기도 하지요. 덕분에 보는 사람들의 마음도 넉넉해집니다.

정선, 「웅연계람」, 『연강임술첩』에 수록, 비단에 수묵담채, 33.5×94.4cm, 개인 소장

　김홍도가 그린 「월야선유도」를 보세요. 말 그대로 달밤에 뱃놀이를 하는 그림입니다. 이날의 주인공은 평안도 관찰사였습니다. '평양감사도 제 하기 싫으면 그만'이라는 속담의 주인공이기도 하지요. 평안도 관찰사가 새로 부임하면 사흘 동안 대대적인 환영회를 베풀었답니다. 그림은 달이 훤한 밤에 평안도 관찰사를 모시고 뱃놀이를 하는 장

 면입니다. 역시 가장 큰 배에 평안도 관찰사가 탔지요. 강기슭에 횃불을 든 사람들 좀 보세요. 이들에게는 평안도 관찰사의 뱃놀이가 볼거리였지만, 우리에게는 횃불을 든 이 사람들이 더 큰 볼거리군요.

 뱃놀이가 드디어 끝났습니다. 참, 한 가지 중요한 일이 남았군요. 역사적인 뱃놀이를 기념으로 남겨둬야지요. 홍경보가 군이 정선, 신

김홍도, 「월야선유도」, 종이에 채색, 72.2×196.6cm, 국립중앙박물관

유한 두 사람을 부른 까닭입니다. 홍경보는 정선에게는 그림을 그리게 하고 신유한에게 글을 짓게 하였습니다. 이들은 세 본의 그림을 만든 뒤 각각 한 본씩 나누어 가졌습니다. 두 편의 그림이 담긴 이 화첩의 이름은 『연강임술첩』으로, '임술년 연강(임진강)에서 그린 그림책'이라는 뜻입니다.

 더 알아보아요

영원한 동양의 고전, 『삼국지』

『삼국지』는 중국의 삼국시대(위·촉·오)를 배경으로 여러 인물들이 중국 통일을 위하여 벌이는 싸움을 내용으로 하는 고대 소설입니다. 원나라의 나관중이 지었으며 『서유기』, 『수호지』, 『금병매』와 함께 중국의 4대 도서로 꼽히는 명작이지요.

원래 『삼국지』는 진나라의 역사학자 진수가 편찬한 역사책의 제목입니다. 소설 『삼국지』의 원래 제목은 『삼국지연의』이지요. 그런데 나중에는 『삼국지』라면 대개 나관중의 소설 『삼국지연의』를 가리키는 말이 되었습니다.

소설 『삼국지』는 옛날부터 중국인들 사이에 많이 떠돌던 이야기를 나관중이 정리하고 부족한 내용을 보태 만들었지요. 소설의 주인공은 유비·관우·장비입니다. 이들이 복숭아 밭에서 의형제를 맺은 후 불세출의 전략가 제갈량을 영입하여 중국 통일을 위해 벌이는 싸움이 주된 내용이지요. 특히 유비와 손권의 촉·오 연합군이 조조의 위나라 대군을 맞아 벌이는 적벽대전은 소설의 절정을 이룹니다.

관우·장비·조운 같은 명장들이 온갖 지혜와 힘을 동원하여 벌이는 치열한 전투 장면은 매우 흥미진진해 많은 사람들이 널리 읽게 되었습니다. 특히 제갈량의 충성심, 유비·관우·장비의 진한 형제애는 유교 국가인 조선에서 크게 환영 받았고 관우를 믿는 민간신앙까지 생겨날 정도였습니다. 삼국지는 인간의 지혜와 처세술이 집약된 소설로 시대와 장소를 초월하는 영원한 고전입니다.

즐거운 휴게소

위대한 화가의 자화상

「독서여가」

정선의 생김새가 궁금하지 않나요? 키는 큰지 작은지, 몸은 말랐는지 뚱뚱한지, 얼굴은 길쭉한지 네모난지, 수염은 덥수룩한지 깔끔히 면도했는지. 초상화만 있다면 단숨에 궁금증이 풀릴 텐데 한 점도 남아 있지 않아 아쉬움이 큽니다. 참, 한 점의 그림이 있긴 하네요. 사방관을 쓴 선비가 꽃을 바라보면서 쉬는 그림입니다. 자그마한 체구지만 단단한 모습, 어째 예사롭지 않습니다. 모두들 틀림없는 정선의 모습이라는데 과연 그럴까요?

정선, 「독서여가」, 비단에 수묵담채, 24.1×17.0cm, 간송미술관

 무엇을 볼까요?
저 선비는 누구일까

무더운 여름인가요. 부채를 든 선비 한 명이 툇마루에 앉아 있습니다. 뒤로는 방 안이 훤히 들여다 보이는군요. 꽃무늬가 그려진 파란색 책장이 먼저 눈에 띕니다. 안에는 책이 줄줄이 쌓였군요. 선비의 방이니 당연히 책이 많겠지요. 책을 보다가 눈이 침침했던 것일까요, 더위에 지친 것일까요? 선비는 잠시 밖으로 나와 쉬고 있습니다. 마룻바닥을 한손으로 짚고 비스듬히 앉은 모습이 보기에도 편안해 보입니다. 그래서 제목도 「독서여가」입니다. 책을 읽다가 잠깐 쉰다는 뜻입니다.

꽃무늬의 파란색 책장 안에 책이 가득하네요!

선비 얼굴을 좀 볼까요? 중치막을 입고 사방관을 썼습니다. 얼굴도 길쭉하지 않고 동그랗습니다. 수염도 성글군요. 하지만 옷매무새만은 단정합니다. 자기 집인데 모자에 옷까지 한 점 흐트러짐이 없으니까요. 체구는 작지만 아주 야무져 보입니다. 비스듬히 앉아 있지만 빈틈없는 모습이지요. 한평생 자신의 일에 최선을 다해 온 사람의 품격이 느껴집니다. 과연 이 사람은 누구일까요?

> **중치막과 사방관**
>
> 중치막은 옛날 선비들이 소창옷(소매가 좁은 조선시대의 웃옷) 위에 덧입던 웃옷입니다. 넓은 소매에 길이는 길고 옆이 터져 있지요. 사방관은 망건 위에 쓰는 네모난 모자입니다. 말총을 엮어 만들었으며 다른 관에 비해 소박한 느낌을 줍니다.

과연 이 그림의
주인공은 누구일까요?

이 그림은 『경교명승첩』의 맨 첫 장에 있습니다. 이병연과 정선이 서로 그림과 시를 교환하며 만든 화첩 말입니다. 『경교명승첩』에서도 이 그림은 좀 특별합니다. 내용도 그렇고 놓인 위치도 그렇고 색깔도 그렇습니다. 아시다시피 『경교명승첩』에는 모두 산수화만 있잖아요. 그런데 이 그림만은 산수화가 아닙니다. 더구나 화첩 맨 첫 장을 장식했습니다. 그것도 온갖 색깔을 써서 꼼꼼하게 그렸습니다. 자신에게 굉장히 중요한 그림이라는 뜻이겠지요.

예, 맞습니다. 바로 자신의 모습을 그린 그림입니다. 정선 자신이야말로 『경교명승첩』의 주인공이니까요. 물론 이병연일 수도 있습니다. 『경교명승첩』의 또 한 명의 주인공이니까요. 하지만 책장을 보세요. 책장 문에 길쭉한 그림 한 점이 붙었지요? 자세히 보면 시원한 폭포와 잘생긴 소나무가 보입니다. 분명 글이 아닙니다. 이병연이라면 자신의 글을 써서 붙이지 않았을까요? 나라 안에서 둘째가라면 서러워할 대시인이었으니까요. 정선이기에 자신의 그림을 붙인 것이지요. 이 집의 주인이 화가라는 사실을 은연중에 드러낸 것입니다. 결국 여긴 정선의 집이고 마루에 앉은 선비도 정선입니다. 그러니까 결국 자화상을 그린 겁니다. 자신의 모습을 스스로 그렸지요.

책장 문에 붙은
그림도 자신이
그린 것이겠지요.

 무엇을 볼까요?

난과 모란꽃을 함께 그린 까닭은

그림을 좀 더 보겠습니다. 오른손에는 부채를 들었군요. 거기에도 그림이 그려졌네요. 시원한 강인 것 같습니다. 책장 문에는 폭포, 부채에는 강, 더운 여름이라 일부러 시원한 장면을 그렸겠지요. 뒤에 보이는 향나무도 참 인상적입니다. 어디선가 보았던 그림이지요? 예, 앞에서 본 「노백도」를 닮았습니다. 뒤틀린 줄기와 제멋대로 뻗은 가지에 잎이 무성합니다. 잎은 역시 수많은 점을 찍어 그렸습니다. 오래된 나무입니다. 정선과 나무, 둘이 좀 닮지 않았습니까?

정선은 꽃을 지그시 바라봅니다. 신발도 비스듬한 자세와 짝을 맞추려 가지런히 놓지 않았습니다. 쉬고 있는 데 신발이나 자세가 너무 단정하면 안 어울리니까요. 지친 몸과 마음을 달래는데 꽃구경보다 좋은 건 없지요. 무슨 꽃이냐고요? 왼쪽의 작은 화분은 난입니다. 난은 사군자이니 당연히 선비들이 좋아했습니다. 매화와 더불어 가장 사랑한 식물이지요.

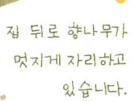
집 뒤로 향나무가 멋지게 자리하고 있습니다.

사군자
옛날 선비들이 군자에 빗댄 네 가지 식물, 즉 봄의 매화, 여름의 난초, 가을의 국화, 겨울의 대나무를 말합니다.

작은 화분은 난,
큰 화분에는 모란이
담겨 있습니다.

큰 화분은 모란꽃입니다. 한 송이가 활짝 피었네요. 모란꽃은 흔히 꽃 중의 왕이라고도 하지요. 부귀영화를 상징합니다. 그렇게 되고 싶은 선비들의 희망을 담았지요. 올곧은 선비가 닮고자 하는 난, 아울러 부귀영화를 뜻하는 모란꽃, 여기에는 이율배반적인 인간의 마음이 담겨 있습니다. 선비의 품위를 잃지 않으면서도 행복을 바라는 지극히 인간적인 뜻이지요. 사람 마음이야 누구나 그러니까요.

정선은 굉장히 공을 들여 이 그림을 그렸습니다. 책장의 무늬, 마루의 결, 돗자리의 촘촘한 무늬까지 빼놓지 않을 정도로 꼼꼼합니다. 묘사 솜씨가 만만치 않았다는 뜻입니다. 진경산수화에 나오는 풍경이 허투루 뵈지 않는 까닭이지요. 전체적으로 화려하지 않지만 누추하지도 않은 조선시대 선비의 자화상을 유감없이 보여주는 그림입니다.

 더 알아보아요

조선시대 양반들이 쓰던 모자

 **금관** 벼슬아치들이 국가의 경사나 제사를 지낼 때 조복과 함께 착용하던 관입니다. 금칠이 되어 있어서 금관이라고 하지요.

사모 벼슬아치들이 평상복인 단령과 함께 착용하던 모자입니다. 평상시에는 검은색 모자를 쓰고 국상이 났을 때는 흰색 모자를 쓰지요.

 **정자관** 선비들이 집안에서 쓰는 관입니다. 2층 또는 3층 모양이며 사방 끝이 솟아 있고 관의 꼭대기는 터져 있지요.

사방관 사면이 각이 진 상자형의 모자로 사각이 편평하며 꼭대기가 터진 형태와 막혀 있는 것 두 가지가 있지요.

 **유건** 유생들이 평상시나 향교, 서원 혹은 과거 시험장에 나갈 때 쓰거나 제사에 참석할 때 쓰던 건입니다.

흑립 보통 갓이라고 부릅니다. 양반들의 외출용 모자로 말총이나 대나무를 가늘게 오려 엮어 형태를 만들고 그 위에 흑칠을 하지요.

 **초립** 형태는 갓과 비슷하며 대나무를 가늘게 오려 엮어 만들었습니다. 양반과 평민들이 함께 사용했는데 대나무의 곱고 거친 정도로 구별했지요.

이밖에 왕이 쓰던 면류관과 익선관, 평민들이 쓰던 패랭이와 벙거지, 그리고 여인들이 쓰던 화관, 족두리, 조바위, 아얌 등의 모자가 있습니다.

세 번째 여행

보라! 동해에 떠오르는 태양

「낙산사 일출」

사람들은 이상하지요. 때가 되면 매일 아침 떠오르는 해인데도 굳이 새해 첫날 떠오르는 해는 특별하게 여깁니다. 많은 사람들은 새해만 되면 가장 빨리 해가 뜨는 동해안을 애써 찾습니다. 동해 중에서도 낙산사 해돋이는 특히 유명했습니다. 일찍이 정철이라는 시인이 「관동별곡」에서 그 장관을 낱낱이 묘사했지요. 정선도 이에 뒤지지 않았습니다. 낙산사 일출을 출렁이는 바닷물과 함께 보란 듯 그려놓았거든요.

정선, 「낙산사 일출」, 『해악팔경첩』에 수록, 종이에 수묵담채, 56.0×42.8cm, 간송미술관

 무엇을 볼까요?

낙산사 해돋이를 아시나요

낙산사는 지금의 강원도 양양에 있습니다. 드넓고 푸른 동해가 지척이라 경치가 아주 볼 만하지요. 호텔과 콘도도 줄지어 늘어섰고 해마다 많은 관광객들이 찾아옵니다. 사람들은 경치 좋은 곳이라면 기를 쓰며 찾아다니잖아요. 조선시대에도 마찬가지였습니다. 유람을 떠난 사람들은 여길 빠트리지 않았습니다. 관동팔경 중 하나로 꼽히는 절경이었거든요.

의상대사(625~702)
신라시대 승려입니다. 661년 당나라에 건너가 화엄종을 연구하고 671년 귀국한 후, 부석사를 짓고 화엄종을 강론하며 우리나라 화엄종의 창시자가 되었지요. 화엄사, 해인사, 낙산사 등 수많은 절을 짓고 제자들을 길러내어 원효와 함께 가장 뛰어난 승려로 추앙되고 있습니다.

관음보살
자비로 중생의 괴로움을 구제한다는 불교의 보살입니다. 흔히 관세음보살이라고 하지요. 관세음은 세상의 모든 소리를 살펴본다는 뜻이며 불교도들에게 가장 친숙한 보살로 꼽히지요.

낙산사에는 유명한 게 있습니다. 높이가 무려 16미터나 되는 관음보살상이지요. 낙산사는 관음보살의 성지라고도 합니다. 신라시대 때 의상대사가 여기서 관음보살을 만나고 절을 지었기 때문이지요. 의상대도 유명합니다. 이곳의 이름은 의상대사가 앉아서 참선하던 자리였다고 붙여졌습니다. 선생님도 중학교 수학여행 때 낙산사를 갔었는데 다른 곳은 몰라도 의상대만은 뚜렷하게 기억하고 있습니다.

낙산사에는 또 하나 유명한 풍광이 있습니다. 한 번 가보았던 친구들은 잘 생각해보세요. 절, 관음보살, 바다, 의상대……. 으음, 잘 생각이 나지 않는다고요? 하하하, 당연하지요. 때를 잘 맞춰가야 볼 수 있는 것이거든요. 바로 일출, 해돋이입니다. 이곳의 해돋이는 특히 유명했지요.

요즘도 새해만 되면 해를 보기 위해 너도나도 동해로 달려갑니다. 우리나라에서 가장 먼저 해가 떠오르는 곳이니까요. 옛날에도 그랬습니다. 물론 오늘날처럼 자동차나 기차로 쉽게 가지는 못했습니다. 너무 먼 곳이라 걷고 또 걸었거든요. 설사 낙산사에 도착해도 쉽사리 해를 볼 수는 없었습니다. 바다 날씨는 변화무쌍했기에 흐린 날이면 해가 제 모습을 잘 드러내지 않았거든요. 3대가 복을 쌓아야 일출을 볼 수 있다는 말이 이래서 생긴 겁니다.

그래서였을까요. 낙산사 해돋이를 못 본 사람들을 위해 그림으로 남겨둔 고마운 분이 있지요. 멀리 동해까지 갈 필요가 없습니다. 덕분에 편안히 해돋이의 장관을 감상하는 거지요. 바로 정선의 「낙산사 일출」입니다.

● 화면이 반으로 딱 나뉘어 있습니다.

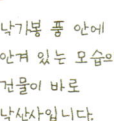

● 낙가봉 품 안에 안겨 있는 모습의 건물이 바로 낙산사입니다.

 무엇을 볼까요?

파랑새가 나타난 뜻은 무엇일까

보는 순간 가슴이 탁 트이지 않나요? 넓은 바다는 물론 낙산사도 한눈에 훤히 내려다보이잖아요. 일부러 높은 곳에서 바라보듯 부감법을 썼거든요. 실제로 낙산사 주위에는 이렇게 높은 곳이 없습니다. 그런데 왜 이렇게 그렸냐고요? 이래야 낙산사와 바다, 해돋이를 제대로 표현할 수 있거든요.

화면이 칼로 무 자르듯 두 쪽으로 갈라졌습니다. 왼쪽은 산, 오른쪽은 바다입니다. 산은 바닷가 바위와 연결되면서 대각선으로 자리 잡았군요. 구도를 다루는 솜씨가 빼어납니다. 가장 높은 곳은 낙가봉입니다. 울창한 나무숲에 쌀알 같은 점을 빽빽이 찍어 산을 만들었군요. 기름진 육산임을 단숨에 알아볼 수 있습니다. 그 낙가봉 품 안에 아늑히 자리 건물이 낙산사이지요.

수많은 나무들이 병풍처럼 절을 둘러쌌습니다. 건물은 아주 반듯해 보입니다. 관음보살이 사는 곳이니 정성 들여 지었겠지요. 그런데 낙산사에는 화재가 자주 일어났습니다. 6.25전쟁 때도 완전히 타버려 다시 건물을 세웠고, 또 2005년에 있었던 산불에도 다 타버렸잖아요. 저렇게 시뻘건 해가 솟는 자리이니 불 기운이 세서 그런 걸까요?

아래쪽 바닷가에는 바위들이 보입니다. 빽빽한 토산과는 반대로 빼빼 마르게 그렸습니다. 둥글게 줄무늬만 그었잖아요. 「금강전도」에서도 나타난 기법이지요. 이 기법은 진경산수화를 그릴 때마다 반복됩니다. 척 보면 정선의 그림인 줄 바로 알아채지요.

이런 둥그런 무늬의 바위는 「금강전도」에서도 볼 수 있습니다.

바다 가까운 쪽, 두 개의 바위가 맞붙어 동굴처럼 된 곳이 보이지요? 관음굴을 표현한 것입니다. 그 위에 집 한 채가 아슬아슬하게 서 있군요. 바로 홍련암입니다. 관음보살을 보기 위해 낙산사를 찾은 의상대사가 여기서 신비한 파랑새를 만났답니다. 그런데 파랑새가 바위굴 속으로 날아가버려 이상하게 생각한 의상대사가 여기서 7일 밤낮으로 기도를 했답니다. 7일째 되던 날 바다 위에 붉은 연꽃, 즉 홍련이 솟아났고, 그 속에서 관음보살이 나타났답니다. 그래서 이곳에 홍련암을 세우고 파랑새가 사라진 아래 굴은 관음굴이라 불렀지요. 어떻게 보면 낙산사에서 가장 중요한 곳이라고도 할 수 있지요.

두 개의 바위가 아슬아슬하게 붙은 곳에 홍련암이 놓여 있습니다.

홍련암 법당 바닥에는 지금도 구멍이 있습니다. 여기로 보면 건물 아래 있는 관음굴이 보이는데, 철썩이며 드나드는 바닷물이 그대로 살아

> **법당**
> 불상을 세워두고 여러 의식을 치르며 많은 사람들을 모아 놓고 가르침을 펴는 절의 가장 중심이 되는 건물입니다.

있습니다. 사실 홍련암은 실제로 이처럼 아슬아슬하지는 않습니다. 바다 가까이 있다는 느낌을 강조하려다 보니 저렇게 그렸겠지요.

무엇을 볼까요?

옛날 해는 어떻게 떠올랐을까

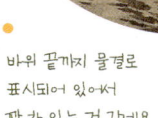

바위 끝까지 물결로 표시되어 있어서 꽉 차 있는 것 같네요.

오른쪽은 모두 바다입니다. 물이 산꼭대기까지 차오른 느낌인데요. 마치 땅을 삼키려고 달려드는 커다란 지진해일 같잖아요. 아마 정선도 바다가 자신을 삼킨다는 느낌을 받았을 겁니다. 「박연폭포」처럼 첫인상을 잘 살려서 그려냈지요. 부드러운 곡선으로 파도까지 만드니 넓고 깊은 동해가 완성되었습니다. 아까 보았듯 정선이 바다를 표현하는 독특한 방법입니다. 「바다를 건너는 신선」이라는 작품을 보면 "아!" 하고 무릎을 탁 치게 되지요.

바위 맨 꼭대기에 선비들이 앉아 있습니다. 저기 모여서 무엇을 하고 있을까요? 네, 그렇습니다. 해돋이를 보는 중입니다. 해돋이를 보려면 깜깜할 때 일어나야 합니다. 아침밥도 못 먹고 이곳에 도착했을 겁니다. 말로만 듣던 해돋이를 직접 본다는 설렘에 가슴은 두근두근 방망이질 치겠지요.

수평선 끝을 보세요. 붉고 둥근 해가 반쯤 솟았지요? 색깔이 좀 바래서 그림이 그려졌던 당시의 생생함에는 못 미치겠지만 그래도 볼 만한 해돋이입니다. 어렵사리 가도 해돋이를 볼 수 없는 날이 많았는데 정선은 운이 좋았나 봅니다. 저렇게 멋진 장면을 그림으로 남기다니. 낙산사 해돋이는 명물이었습니다. 정철은 「관동별곡」에서도 낙산사 해돋이 광경을 다음과 같이 묘사했습니다.

정선, 「바다를 건너는 신선」, 종이에 수묵, 124.5×67.6cm, 국립중앙박물관

낙산사 동쪽으로 의상대 올라앉아
해돋이를 보려고 한밤중에 일어나니
상서로운 구름이 피어나는 듯
여러 마리 용들이 떠받치는 듯
바다에서 떠오를 때는 온 세상이 흔들리더니
하늘에 떠오르니 눈부시게 밝구나

하지만 해돋이 하나만으로 이런 감동을 만들 수는 없지요. 세 가지가 꼭 필요합니다. 낙산사와 바다, 그리고 붉은 해가 어우러져야

바위 꼭대기의 선비들은 해돋이를 감상하는 중입니다.

붉고 둥근 해가
막 솟아오르고
있습니다.

비로소 관동팔경의 하나인 낙산사의 절경이 완성되는 거지요.

 무엇을 볼까요?

서울의 해돋이는 어땠을까

정선이 그린 유명한 해돋이 장면이 또 하나 있습니다. 「목멱조돈」 입니다. 목멱산은 남산의 다른 이름이고 조돈(朝暾)은 아침 해가 솟아

정선, 「목멱조돈」, 『경교명승첩』에 수록, 비단에 채색, 23.0×29.2cm, 간송미술관

오른다는 뜻이니 이 그림의 뜻을 풀어보면 '남산 해돋이'가 되겠지요. 가운데 큰 산이 남산이고 앞에 배를 띄운 물이 한강입니다. 남산은 인왕산, 북악산처럼 바위산이 아니니 저렇게 점을 찍어 부드럽게 표현했습니다. 아까 본 「필운상화」에서도 그랬지요.

산 뒤로는 붉은 해가 막 떠오르고 있습니다. 온통 초록색 천지인데 가운데 찍힌 빨간 점은 유난히 도드라지네요. 해 주위와 아래 강물도 불그스름하게 물들었네요. 참 멋진 장면입니다. 서울의 해돋이이니만큼 색다른 맛이 있네요. 서울시 엠블럼도 이 그림에서 본 떴답니다.

산 정상이 아닌 중턱에서 해가 떠오르고 있습니다.

그런데 좀 아쉽습니다. 이왕 떠오를 바에 남산 꼭대기에서 쏙 올라오면 얼마나 좋겠어요. 하하하, 그렇게 그리지 않은 까닭이 있지요. 이 그림은 「필운상화」처럼 서울 한복판에서 바라본 게 아니라 강서구 가양동 근처에서 바라본 것입니다. 왜냐고요? 정선이 이때 양천현령으로 있었기 때문입니다. 봄날 거기에서 해돋이를 보면 산꼭대기가 아니라 저렇게 산 중턱에서 떠오른답니다. 굉장히 사실적인 그림이지요.

> **엠블럼(emblem)**
> 어떤 단체가 대표성이나 방침·주장·운동 등을 상징하기 위하여 만든 그림 표식을 뜻합니다. 심벌마크라고도 하며 보통 그 단체의 깃발이나 옷·모자·기장·건물 간판 등에 삽입되어 쓰이지요.

정선, 「문암관 일출」, 『해악전신첩』에 수록, 비단에 수묵담채, 33.0×25.5cm, 간송미술관

 무엇을 볼까요?

해돋이 그림을 자주 그린 까닭은

해돋이 그림이 또 있습니다. 「문암관 일출」이지요. 문암에서 해돋이를 본다는 뜻입니다. 문암은 또 어디냐고요? 여러분 「삼일포」 기억나지요? 해금강에 있는 멋진 호수 말입니다. 왼쪽 위에 커다란 조개 모양의 바위가 보일 겁니다. 그 위에 다시 2단으로 된 바위가 보이지요? 바로 문암입니다. 두 개의 돌 문짝 위에 한 개의 너럭바위가 얹힌 특이한 모양이지요. 이곳은 해금강, 외금강, 그리고 호수까지 모두 볼 수 있는 명당자리입니다. 여기에 해까지 떠오른다면 더할 나위 없는 장관이 연출되겠지요. 그래서 금강산을 여행하는 많은 사람들이 여기서 해돋이를 보았답니다. 앞의 그림 좀 보세요. 문암 아래 앉아서 떠오르는 해를 바라보는 선비들이 있잖아요. 왼쪽 위에는 사람을 닮은 바위가 해를 맞아 절을 하듯 서 있습니다.

바로 이 바위가 「삼일포」 그림에 실린 문암입니다.

정선은 유독 해돋이 장면을 많이 그렸습니다. 다른 화가들은 해돋이 대신 달 그림이 많지요. 정선은 『주역』에 능통했다고 했습니다. 혹시 해가 뜨는 장면은 이와 관련이 있지 않을까요. 선생님도 몹시 궁금한데 여러분이 한 번 밝혀내지 않을래요?

왼쪽 위의 바위는 마치 사람 모습 같네요!

 더 알아보아요

관동팔경

관동지방에서 가장 이름난 경치 여덟 곳인 ①간성의 청간정 ②강릉의 경포대 ③고성의 삼일포 ④삼척의 죽서루 ⑤양양의 낙산사 ⑥울진의 망양정 ⑦통천의 총석정 ⑧평해의 월송정을 가리킵니다. 월송정 대신 흡곡의 시중대를 넣는 경우도 있지요.

관동은 대관령의 동쪽에 있다고 붙여진 이름입니다. 관동팔경은 옛날부터 강원도에서 아름답기로 이름났는데 지금 망양정과 월송정은 경상북도에 속해 있고 삼일포와 총석정은 북한 지역에 있지요.

관동팔경, 단양팔경처럼 이름난 경치는 흔히 팔경이라고 부릅니다. 그 유래는 중국의 '소상팔경'에서 시작되었지요. 소상은 중국 호남성의 양자강 중류인 '소수'와 '상강'이 합쳐지는 곳을 말합니다. 경치가 워낙 아름다워 송나라 때 「소상팔경도」를 그림으로 남겨 유명해지기 시작했지요. 이런 전통은 우리나라에도 건너와 많은 화가들과 문인들이 소상팔경을 본떠 너도나도 팔경이라는 이름을 붙인 다음, 그림이나 글로 남겼지요. 어떤 조사에 따르면 현재 우리나라 팔경은 모두 98곳 784경인데, 그중 강원도에 59곳이나 있다고 합니다. 그만큼 강원도의 경치가 아름답다는 말이고, 특히 관동팔경은 가장 아름다운 경치로 이름을 떨쳤습니다.

자유토론
정선과 진경산수화

「금강산내총도」

이제까지 '작품'을 중심으로 정선의 진경산수화에 대해 공부했습니다. 작품 위주이다 보니 정선의 생애나 일반적인 진경산수화 이론에 대해서는 충분히 설명하지 못한 부분이 있네요. 진경산수화라는 위대한 화풍이 정선의 생애와 어떤 연관을 가지고 생겨났는지 살펴보는 것도 의미 있는 일이라 생각됩니다.

정선, 「금강산내총도」, 『신묘년풍악도첩』에 수록, 비단에 수묵담채, 35.9×37.5cm, 국립중앙박물관

 함께 얘기해봐요

진경이란 무슨 뜻일까

진경산수화는 우리나라 자연의 모습을 우리 정서에 맞는 방식으로 표현한 한국적 산수화를 말한다고 배웠는데요. 진경이란 말은 대체 무슨 뜻인가요?

하하하! 이제까지 진경산수화에 대해서 떠들었는데 정작 진경이란 말뜻은 몰랐었군요. 이런 낭패가…….

아이 참, 저도 잘 몰랐어요. 아까부터 묻고 싶었지만 다들 아는 것 같아 창피해서 못 물어보고 있었어요.

어? 사실 나도 몰랐는데.

나도…….

아니, 그러면 모두 몰랐었단 건가요?

 하하하!

진경(眞景)은 글자 그대로 '참된 경치'를 말합니다. 실제 경치를 있는 그대로 그렸다는 뜻이기도 하고, 우리 땅을 그렸다는 뜻이기도 하지요. 진경은 진경(眞境)이라고도 쓰는데 이것은 원래 신선이 사는 곳이라는 뜻입니다. 그러니까 평범한 경치가 아닌 특별한 곳을 가리키는 말이지요. 재미있는 사실은 당시에는 진경산수화란 말을 쓰지 않았다는 겁니다.

진경산수화란 말을 쓰지 않았다고요? 그럼 뭐라고 했나요?

 그냥 '진경'이라고만 했지요. 진경산수화라는 말은 1980년대에 와서야 쓰기 시작했습니다.

 진경산수화의 역사는 300년이지만 '진경산수화'라는 말의 역사는 겨우 30년이군요.

 와! 그렇게 되는군요.

 진경산수화는 정선이 처음 그렸다는데 모든 일이 그냥 하루아침에 뚝딱 이루어지는 건 아니잖아요. 엄청난 노력이 있었던 것 같은데요.

 그럼요. 처음 시작은 미미했지만 평생에 걸쳐 다듬고 발전시켜 나갔지요.

 평생이요? 그렇다면 정선은 오래 살아야만 했겠네요.

 정선은 1676년, 서울 북악산 아래인 순화방 유란동에서 태어났습니다. 지금의 종로구 청운동이지요. 돌아가신 해가 1759년이니 무려 여든네 살까지 살았습니다. 당시로서는 매우 드물게 장수한 경우이지요. 아마도 차분하고 겸손한 성격 때문인 것 같아요. 오죽했으면 호까지 겸재, 즉 겸손한 선비라고 지었겠어요.

 저도 매우 덜렁거리고 급한 성격인데 오래 살려면 정선처럼 차분한 성격으로 바꿔야겠어요.

 하하하, 빙고!

실경산수화와 진경산수화의 다른 점은

 진경산수화는 정선이 처음 시작한 게 아니라는 말이 있던데요?

 정선 이전에도 많은 화가들이 우리 고유의 화법을 만들려고 노력했지요. 조속이라는 화가도 진경화풍을 만들었다고 전해지는데, 지금 남아 있는 산수화 작품이 없어 실상을 짐작하기가 어렵습니다.

> **조속(1595~1668)**
> 조선 후기의 문인화가입니다. 호는 창강이며 1623년 인조반정에 가담하여 큰 공을 세웠으나 벼슬을 사양한 후 명승지를 돌아다니며 그림을 그렸지요. 「금궤도」 「매작도」 등의 작품이 있습니다.

 진경산수화 이전에는 화가들이 주로 어떤 그림을 그렸나요?

 관념산수화였지요. 산과 물을 그려도 직접 가보지 않고 상상으로 그렸습니다. 화가들은 그림 안에 자신의 마음을 담아 표현했습니다. 낯익은 풍경이기는 하지만 사실 어디에도 없는 풍경이라고 보면 되겠네요.

 실제 경치를 똑같이 그리는 경우는 없었나요?

 실경산수화라고 해서 실제 경치를 따라 그리는 그림이 있었습니다. 고려시대 이녕이라는 화가는 「예성강도」와 「금강산도」라는 실경산수화를 그렸고, 조선시대에도 한시각이 그린 실경산수화첩 『북새선은도

> **이녕(?~?)**
> 12세기에 활동한 고려시대의 화가입니다. 중국 송나라에서 그림을 배워 휘종 황제에게 「예성강도」를 그려 바쳤으며, 고려 의종 때는 나라의 모든 그림을 관장할 만큼 재능이 뛰어났지요.

> **한시각과 『북새선은도권』**
>
> 한시각(1621~?)은 조선 중기의 화가입니다. 도화서 화원으로 인물화와 실경산수화를 잘 그렸지요. 1655년 통신사 일행으로 일본을 다녀오기도 했습니다. 『북새선은도권』은 1664년 함경도 길주에서 처음으로 시행된 과거시험을 기념하여 그린 기록화입니다. 시험 장면과 합격자 발표 장면 등을 포함해 모두 두 폭의 그림으로 이루어졌지요.

권』이 있습니다.

🙂 이상한데요. 실제 경치를 따라 그렸는데 왜 진경산수화라 부르지 않았을까요?

🙂 둘 다 실제 풍경을 따라 그린 건 맞습니다. 그렇지만 실경산수화는 사진처럼 똑같이 그리기만 했지요. 그마저도 실제 경치처럼 정확하지가 않습니다. 『북새선은권도』에 나오는 산을 보세요. 아무 특징이 없는 평범한 산이잖아요.

한시각, 「함흥방방」 부분, 『북새선은도권』에 수록, 비단에 채색, 전체 57.9×674.1cm, 국립중앙박물관

실경산수화는 이름과는 달리 사실성도 부족하고 개성이나 독창성도 없었다는 말이군요.

아하! 정선의 진경산수화는 실제 경치를 보고 그리되 사실성은 물론 화가가 느낀 것까지 잘 살려 개성 있게 표현했다는 말이네요.

그래서 지금도 높은 평가를 받고 있는 것이군요!

 함께 얘기해봐요

진경산수화의 발달 과정은 어땠을까

정선은 어떻게 진경산수화를 그리게 되었나요?

서른여섯 살이 되던 해인 신묘년(1711)에 금강산을 여행한 후 『신묘년풍악도첩』을 그리면서 진경산수화를 시작했지요.

왜 하필 금강산 그림부터 시작했나요?

워낙 유명한 절경이었기 때문이지요. 특히 금강산에는 우리나라 산의 특색인 화강암 봉우리가 즐비합니다. 이런 모습이 중국과는 다르기 때문에 한국적 산수화를 그리기에 딱 맞았지요.

그래서 '금강산 화가'라 부르는군요. 『신묘년풍악도첩』의 그림은 진경산수화의 가장 초기 모습일 텐데 어떤 특징이 있나요?

이 화첩에 있는 그림은 모두 13점입니다. 표현법이 다소 서툴고 거칠어 보이긴 해도 진경산수화의 기본 바탕은 거의 다져놓았지요. 뾰족한 바위산을 표현한 수직준과 숲이 울창한 육산을 표현한 미점준이 바로 그것입니다. 두 가지가 이루는 절묘한 음양대비는 앞으로 그려나갈 진경산수화의 기본 구도가 됩니다. 이듬해인 1712년에 두 번째 금강산 여행을 하면서『해악전신첩』30점을 그렸습니다. 지금은 전해지지 않지만 이 화첩으로 정선의 진경산수화가 널리 알려지게 되었다고 합니다.

정선은 금강산만 그렸나요?

그럴 리가 있나요. 전국을 구석구석 돌아다녔지요. 영남 지방을 돌아보며『영남첩』을 그렸고, 청하현감으로 있을 때는 동해안의 명승지인 관동팔경을 그림으로 남겼습니다. 이밖에도 울진 성류굴, 합천 해인사, 도산서원도 그렸습니다.

전국 방방곡곡 안 돌아다닌 곳이 없네요.

위대한 화풍을 완성하기 위해 들인 노력에 저절로 머리가 숙여져요.

베토벤을 '악성(樂聖)'이라 부르는 것처럼, 정선을 '화성(畵聖)', 즉 그림의 성인이라고 부르는 것도 다 까닭이 있군요.

정선하면 역시「금강전도」를 최고로 꼽지 않나요?

그렇지요. 1734년 쉰아홉 살에 완성한「금강전도」는 여러 가지로 눈여겨볼 만한 작품입니다. 물론 뾰족한 봉우리와 울창한 숲을 표

정선, 「성류굴」, 종이에 수묵담채, 28.5×27.3cm, 간송미술관

현하는 방법은 초기 진경산수화와 비슷합니다만 훨씬 세련되었고 보는 사람의 가슴이 들썩일 만큼 개성이 돋보이지요.

🧒 정선은 자신이 살던 곳인 한양 주변도 빠트리지 않았다면서요?

👩 한양의 모습은 금강산 다음으로 정선이 많이 그린 곳입니다. 양천현령으로 근무할 때 한강의 명승지를 모조리 그려 『경교명승첩』을

정선, 「해인사」,
종이에 수묵담채,
23.0×67.0cm,
국립중앙박물관

만들었고, 자신이 살던 집인 인왕산 부근을 그린 「인곡유거도」와 「청풍계도」도 유명합니다. 특히 일흔여섯 살(1751) 때는 「인왕제색도」를 그려 진경산수화의 대단원을 장식하지요. 그 뒤 많은 화가들이 정선의 그림을 따라 그리기 시작해 정선의 화풍이 대유행이 됩니다.

 함께 얘기해봐요

진경산수화가 유행한 까닭은 무엇일까

 진경산수화가 유행하게 된 까닭은 무엇일까요?

 영조와 정조 같은 능력 있는 임금이 잇달아 즉위하면서 나라 살

정조, 「들국화」,
종이에 수묵담채,
86.5×51.5cm,
동국대학교 박물관

림이 안정된 덕분이지요. 나라가 안정되니 자연스레 문화·예술 활동에도 눈을 돌리게 된 것이지요. 특히 두 임금은 문화·예술 활동에 많은 관심을 가졌거든요. 영조 임금은 정선을, 정조 임금은 김홍도를 적극 후원했습니다.

🧑 정조 임금은 뛰어난 화가이기도 했잖아요. 예전에 부모님과 함께 박물관에 가서「들국화」라는 작품을 본 적이 있어요.

👵 서민들까지도 민화나 판소리 같은 문화·예술 활동을 즐겼잖아요. 그래서 이 시대를 '조선의 르네상스'라고 부른다면서요.

🧑 일단 정치와 경제가 안정되어야 예술 활동에도 눈을 돌리게 되는군요.

👧 맞아요. 지금 잘사는 선진국들 모두 문화 또한 대단히 발전했잖아요.

👩 또 다른 이유는 없었나요?

🧑 김광국, 김광수 같은 그림 수집가들의 공도 큽니다. 이들이 모은 많은 그림은 화가들에게 좋은 공부가 되었지요. 또 수준 높은 비평가들의 활동도 그림 발달에 한몫했지요.

🧑 하지만 19세기에 들어서자 급격하게 예술 활동이 위축되었다면서요.

🧑 네, 덩달아 진경산수화의 유행도 주춤해졌습니다. 정선을 능가하는 화가가 나와 더욱 발전했어야 하는데…… 참 안타깝습니다.

이유가 뭔가요?

 정조 임금이 돌아가신 후 순조·헌종·철종 같은 힘 없는 왕이 잇달아 등장했기 때문입니다. 외척들의 세도정치로 나라가 불안정해지니 자연히 문화·예술 활동도 움츠러드는 것이지요.

세도정치
힘이 약한 임금을 대신해 임금의 친척이나 신하가 강력한 권력을 갖고 마음대로 하는 정치를 말합니다.

진경산수화의 탄생 배경은 무엇일까

 진경산수화는 우리 그림 역사의 한 획을 긋는 위대한 화풍이라고 배웠잖아요. 이런 그림의 탄생에는 그만한 까닭이 있을 것 같아요.

 여기에 대해서는 의견이 분분합니다. 조선중화중의의 결과라는 의견과 중국의 영향이라는 의견이 팽팽하지요.

조선중화중의?

좀 어려운 이야기인데…… 좀 길지만 천천히 설명할게요. 다들 조선은 성리학의 나라라고 하잖아요. 사실 성리학의 본고장은 중국인데 조선에서는 중국과는 또 다른 성리학을 꽃피웠습니다. 외래사상을 우리 몸에 맞게 잘 바꾼 거지요. 한

성리학
12세기 중국 남송의 주희가 공자·맹자의 가르침을 정리하여 집대성한 유교의 주류학파입니다. 주희의 이름을 따서 주자학이라고도 하지요.

나라의 근본이 되는 사상이 조선의 고유한 양식으로 바뀌니 문화·예술도 자연스레 우리 식으로 바뀌게 됩니다.

 아, 정철의 한글 문학이나 한석봉의 독특한 글씨체를 말하는군요.

 맞습니다. 그런데 그림에서는 이런 분위기가 좀 늦게 나타납니다. 중국 명나라가 여진족의 청나라에 멸망한 다음이지요. 중국은 자기네 문화가 세상의 중심이라는 중화주의를 내세우며 당시 세계문화를 주도했습니다. 이런 중국이 망하자 조선의 선비들은 이제 중국을 이을 나라는 여진족의 청나라가 아니라 조선이라는 생각을 하게 됩니다. 이게 조선중화주의입니다.

> **중화주의**
> 중국이 자기 나라의 문화와 국토를 자랑스러워하며 타 민족을 배척하는 사상입니다. '중화'는 세계의 중심인 우수한 나라라는 뜻이니 그 밖의 나라는 오랑캐로 여기어 천시했지요.

 그만큼 우리 문화에 대한 자부심이 컸었군요.

 그렇지요. 조선이 세상의 중심이 되었으니 조선을 대표할 만한 그림도 나와야 한다고 생각하게 된 것입니다. 이때 조선중화주의를 주도하던 사람들이 바로 김창협, 창흡 형제인데 정선이 바로 김창흡의 제자입니다. 이들은 우리 고유의 그림을 만들려고 무척 애를 쓴 끝에 마침내 정선이 진경산수화를 만들어 결실을 맺는 것이지요.

 결국 우리 손으로 우리를 대표하는 그림을 만들어냈군요.

 중국의 영향으로 진경산수화가 탄생했다는 의견도 있다면서요?

 네. 중국의 판화집인 『해내기관』과 『명산도』 등에 정선의 진경산수화와 비슷한 기법이 많이 보이는데, 정선이 이 판화집을 참고했다는 얘기입니다.

  중국 그림을 참고했다고요? 어떤 점이 그런가요?

  예를 들면, 『해내기관』의 사람을 닮은 바위나 등장인물의 모습이 정선의 그림에서도 적잖이 발견됩니다. 또 『명산도』에서 보이는 구도가 정선의 그림에서도 보이고 호수나 바다, 정자나 배의 모습도 정선의 그림에서 비슷하게 발견되지요.

그렇다고 정선이 중국 그림을 베꼈다고는 할 수 없잖아요. 진경산수화는 중국에서도 찾아볼 수 없는 독창적인 화풍이니까요.

맞습니다. 진경산수화는 당시에도 새롭고 개성 있는 그림으로 평가받았습니다. 조영석 같은 화가는 "조선 300년 역사상 이와 같은 그림은 볼 수 없다"고 하면서 조선의 산수화는 정선에 의해서 비로소 출발한다"고까지 극찬했습니다.

  짝짝짝!

 더 알아보아요

우리나라 산수화의 역사

우리나라의 산수화의 초기 모습은 고려시대의 작품으로 짐작할 수 있습니다. 이때는 중국의 송나라, 원나라와 교류하면서 발달하는데 이제현의 「기마도강도」, 공민왕의 「수렵도」를 보면 이미 상당한 수준임을 알 수 있지요.

본격적인 산수화는 조선시대에 이르러 시작됩니다. 조선 초기(1392~1550)에는 정형화된 이상산수가 발달했고 '안견파' 화풍이 크게 유행합니다. 안견은 구도와 필묵법에서 새로운 화풍을 만들고 후대의 산수화에 커다란 영향을 끼쳤습니다.

조선 중기(1550~1700)에는 산수인물화가 성행했지요. 초기에는 안견파 화풍이 지속되기도 했으나, 김시·이경윤·김명국 등에 의해 절파화풍이 새로운 세력으로 자리를 굳히게 되었습니다.

조선 후기(1700~1850)에는 문인화 이념의 확산과 명나라 남종화풍의 유입으로 정신세계를 강조한 새로운 정형산수화가 성행합니다. 심사정·강세황·이인상이 대표적인 화가이지요. 또한 전혀 새로운 화풍인 진경산수화가 정선에 의해 시작되면서 산수화의 새로운 전기가 마련되고, 이인문·김홍도는 더욱 세련된 화법으로 산수화의 전성기를 엽니다.

조선 말기(1850~1910)에는 진경산수화가 쇠퇴하고 김정희를 중심으로 높은 정신세계를 더욱 강조한 남종문인화가 유행하며, 장승업·안중식 등도 나름대로 특색 있는 산수화를 그렸습니다.

'정선일파'란 무엇인가

강희언, 「인왕산도」,
종이에 수묵담채,
24.6×42.6cm,
개인 소장

    18세기 중엽에서 19세기 초까지 활동한 화가들 중에 정선의 영향을 받아 진경산수화를 그린 화가들을 '정선일파'라고 합니다. 이들은 정선의 그림에서 흔히 보이는 수직준과 미점준, T자형 소나무, 짙게 칠한 대부벽준, 부감법 등을 배워 사용했습니다. 대표적인 화가로 강희언 · 김석신 · 정충엽 · 김윤겸 · 김응환 등이 있습니다.

    강희언은 정선에게 그림을 직접 배우기도 했는데 그의 대표작인 「인왕산도」를 보면 정선의 화법에서 흔히 보이는 소나무 그림, 미점준, 대부벽준을 쓴 것을 알 수 있습니다. 그렇지만 강희언의 「인왕산

김석신, 「도봉도」,
종이에 수묵담채,
36.3×53.7cm,
개인 소장

도」는 정선의 「인왕제색도」와는 느낌이 많이 달라 나름대로 자신의 개성을 살리려 한 노력이 돋보입니다.

김석신은 유명한 풍속화가 김득신의 동생으로 「도봉도」를 그렸습니다. 서울의 도봉산을 그린 이 그림에는 정선 특유의 소나무와 짙게 칠한 바위 등의 기법이 엿보입니다. 특히 멀리 보이는 봉우리는 수직준과 비슷한 기법을 사용해서 정선의 영향이 컸음을 알 수 있습니다.

정충엽·김윤겸·김응환은 정선처럼 금강산 그림을 즐겨 그렸습니다. 정충엽의 금강산 그림에는 정선이 즐긴 수직준과 미점준을 써서 산을 그렸습니다. 다만 소나무 모양과 구도에 있어서는 정선과 조금 다른 점이 있습니다. 김윤겸은 정선의 화법을 나름대로 변형해 자신만의 개성을 드러내는 진경산수화를 그렸습니다. 『금강산화첩』의

김윤겸, 「장안사」,
「봉래도권」에 수록,
종이에 수묵담채,
27.5×39.0cm,
1768,
국립중앙박물관

그림에는 수직준과 나무 표현에서 정선의 화법을 엿볼 수 있지만 전체적으로 마치 스케치 같은 현대적 감각이 물씬 풍깁니다. 김응환은 어명으로 금강산 여행을 한 후 많은 그림을 남겼습니다. 그림 곳곳에 수직준과 미점준이 보이며 원형구도 역시 닮았습니다. 하지만 전체적인 수준이나 강렬한 개성에 있어서는 정선의 화풍을 따라가지 못합니다. 이밖에 한양 주변의 풍경을 즐겨 그린 정선의 손자 정황과 장시흥, 그리고 「표훈사」를 남긴 최북도 정선일파로 분류됩니다.

졸업식

어때요, 즐거운 여행이었나요? 너무 가까워서 오히려 무관심했던 서울에서 좀처럼 가기 힘든 금강산까지 그야말로 전국 방방곡곡을 샅샅이 훑어보고 돌아다녔습니다. 다리는 좀 아파도(?) 마음만은 뿌듯하리라 생각합니다. 그동안 잘 몰랐던 아름다운 우리 강산과 멋스러운 우리 그림에 대해 자세히 알게 되었으니까요.

사실 이번 옛 그림 학교는 첫 번째, 두 번째와 달라 약간 걱정했습니다. 재미있고 쉬운 풍속화에 비하면 산수화는 좀 어렵다고 느끼는 친구들이 많으니까요. 하지만 이게 선입견이라는 걸 금방 알게 되었지요? 풍속화보다 한층 깊고 풍부한 얘깃거리가 그득했으니까요. 더구나 우리 강산을 우리 방식대로 그린 진경산수화가 아닙니까? 진정한 우리 그림의 아름다움을 배운 셈이지요.

진경산수화는 당시에도 유행했지만 요즘 와서 더욱 높은 평가를 받고 있습니다. 창조적·개성적·민족적이라는, 좋은 예술이 갖춰야 할 조건을 두루 갖추었으니까요. 외국에 마음껏 자랑해도 좋은 훌륭한 예술 작품입니다.

하지만 걱정이 또 하나 있습니다. 행여 이번에 배운 진경산수화만 우리 그림으로 여기고 다른 산수화는 무시하게 될까 싶어서요. 다른 산수화 역시 우리 화가들이 정성을 다해 그린 그림으로 우리 예술품입니다. 진경산수화와는 그리는 방식이 달랐을 뿐입니다. 마치 한글이 발명되기 전에 한자로 뜻을 폈듯이 말입니다. 똑같은 관심과 사랑으로 대해주세요.

힘든 여행하느라 고생 많았습니다. 푹 쉬기 바랍니다. 다음에도 재미있고 뜻 깊은 그림으로 여러분을 맞이하겠습니다. 꼭 다시 찾아주세요. 안녕!

옛그림학교 3
정선의 진경산수화로 배우는 옛 그림 속 자연
ⓒ 최석조 2011

| 1판 1쇄 | 2011년 8월 8일 |
| 1판 4쇄 | 2024년 10월 24일 |

지은이 | 최석조
펴낸이 | 김소영
책임편집 | 이승희
편　　집 | 손희경
디 자 인 | 이정민 백주영
마 케 팅 | 정민호 박치우 한민아 이민경 박진희 황승현
제 작 처 | 한영문화사

펴 낸 곳 | (주)아트북스
출판등록 | 2001년 5월 18일 제406-2003-057호
주　　소 | 10881 경기도 파주시 회동길 210
대표전화 | 031-955-8888
문의전화 | 031-955-7977(편집부) / 031-955-2689(마케팅)
팩　　스 | 031-955-8855
전자우편 | artbooks21@naver.com
인스타그램 | @artbooks.pub

ISBN 978-89-6196-090-8 04600
　　 978-89-6196-021-2 (세트)

값은 뒤표지에 있습니다.
잘못된 책은 구입하신 서점에서 교환해 드립니다.